中国社会科学院陆家嘴研究基地
Lujiazui Institute of Chinese Academy of Social Sciences

基地报告

REPORT OF LUJIAZUI INSTITUTE,CASS

总编■李　扬　　主编■殷剑峰　　副主编■何海峰

第1卷

中国经济增长前沿课题组 ■ 著

创新驱动 转型发展——上海经验

社会科学文献出版社

SOCIAL SCIENCES ACADEMIC PRESS (CHINA)

中国社会科学院陆家嘴研究基地
主要成员

中国经济增长前沿课题组成员

张　平　刘霞辉　张自然　王宏淼　袁富华

摘　要

　　上海市委托的转型升级课题让我们重新梳理了世界发达经济体和发展中国家的经济发展经验，讨论了从经济增长加速到减速的核心原因，发现成熟经济体持续、均衡增长的长期驱动因素是持续的效率改进，它推动着技术创新和经济结构的调整。

　　纵观全球，经济发展有两条路径，一条是成熟经济体走的比较均衡的路径，另一条是发展中国家走的赶超型路径。发展型政府的非均衡结构主义特征明显，即通过政府动员储蓄，将资金投入工业部门中，并利用资源禀赋的比较优势获得赶超速度。但当经济发展到中高收入阶段后，赶超经济体面临着巨大转型，或掉入中等收入陷阱，或转向持续发展的均衡道路。上海市 2011 年实现的国内生产总值已接近 2 万亿元大关，人均 GDP 达 12784 美元，进入"高收入经济体"区间。自 2007 年上海市 GDP 增长率达到最近 30 年的顶峰——15.2% 后，2008 年、2009 年出现下滑（增速分别降至 9.7%、8.2%），2010 年回升到 10.3%，2011 年又降至 8.2%，虽然此中有国际金融、债务危机的外部冲击以及上海市主动结构转型的原因，但潜在增长率下滑的趋势特征十分明显。类似问题在沿海诸发达省份也已出现，经济已经很难维持原有增速了，甚至还会面临发展停滞的风险。但很多省份的政府仍希望以更强大的产业政策、数量化的转型指标强力推动转型，通过加大投资，保持增长，这实际上已经不符合发展阶段的内在规律了。我们认为，需要改变这种发展主义的理念，转向成熟经济体的依托市场激励、以效率持续改进推动转型与增长的方式。

转型发展可以理解为人类社会生产方式和生活方式的结构转变，转型升级受到效率提高和广义恩格尔定律的牵引。传统工业和现代工业的差别在于生产方式，同样，传统服务业和现代服务业的差别也体现在生产方式上。现代生产方式的表现是生产分工深化，获得规模化生产能力，并得到规模收益，核心是劳动效率得到持续的提升。现代生产方式推动了产业结构的调整，使其从低效率的农业转向高效率的工业，从高效率的工业转向更高效的服务业，在此过程中也推动了农业和工业发展，直到产业间效率均衡、结构稳定。生活方式则体现在广义恩格尔定律上，即从食品占消费支出比重的下降拓展到物质消费占消费支出比重的下降。因此，人类需求结构会牵引着产业不断变化，服务业比重会越来越高。但在可贸易条件下，一国或一个地区的供给结构不一定与需求结构完全吻合，而供给结构更多地服从效率原则（比较优势）。但从全球范围看，广义恩格尔定律又是决定性的，服务业需求比重会持续提高。

从全球经济发展规律看，将一个国家的增长速度分解后，增长最大的贡献者是各国产业部门的比重和该产业部门效率变动的乘积。如果服务业比重持续提高，制造业比重持续下降，但服务业效率改进又慢于制造业效率的变动速度，则整个经济增长速度将下降，欧美国家进入高收入水平后经济增长减速就是受到了上述规律的影响。服务业比重提高是因为受到广义恩格尔定律的牵引，而服务业可贸易水平低于制造业，由规模引致的效率持续改进要低于可贸易水平高的制造业。随着全球服务贸易的加速发展，这种局面会得到改善。纵观发达国家，服务业占 GDP 的比重不断上升和服务业不可贸易导致的效率改进速度慢等因素降低了发达国家的增长速度，但这也成就了它们比较均衡的经济结构。它们保持竞争优势的核心仍是服务业和制造业的效率改进，尽管各国策略不同，如德国更倾向于制造业，英美更倾向于服务业，但核心都是效率改进，而效率改进的背后是市场激励、人力资本水平提高、企业竞争力提升，以及政府和社会协调效率改善。

　　按照发达国家在 20 世纪 70 年代初期第二产业劳动力比重为 40% ~ 45% 和第三产业劳动力比重为 50% 的水平的情况，可以认为 2010 年的上海相当于发达国家 20 世纪 70 年代初期的发展水平。上海未来一段时期的经济增长将处于规模收益递增（下凹形增长曲线）向规模收益递减（上凸形增长曲线）演变的转折阶段，是从要素投入型规模扩张增长向效率驱动的集约和创新型增长过渡的时期。上海当前的增长减速实际上遇到了发达国家所曾面对的同样问题：城市化水平高达 90%，服务业比重不断上升，制造业比重不断下降，导致 GDP 增长速度下滑，重返过去的增长方式已不可能，解决问题的核心是如何能持续改进效率并形成更均衡的产业结构。本书在指标设计方面不采用以产业政策干预为基准的"转型升级指标"，而尝试以效率为主导，结构并举，把增长潜力（人力资本、企业研发等）、生活质量和稳定性纳入上海转型升级的评价体系中，强调持续劳动生产率的改善才是转型升级的根本。在国内外现代化指标的基础上，本书结合中国发达城市实际，将中国发达城市转型升级分为 5 个一级指标，并选取了 28 个具体指标，利用 2005 ~ 2010 年的数据，采用层次分析法对上海转型升级进行更进一步的系统量化研究。

　　通过数据分析，我们发现上海转型升级在 2005 年后一直排在全国五大城市（上海、北京、天津、广州和深圳）之首，与全球发达国家相比，效率改进速度显著。当然也要看到这是通货膨胀和汇率等因素帮了忙，是名义上的赶超。当前上海面临着很大的问题，主要是第三产业相对劳动生产率（即第三产业与第二产业劳动生产率之比，第二产业劳动生产率为 1）自 2002 年起就低于 1，到 2010 年已经降低至 0.7，2005 ~ 2010 年平均为 0.76，低于发达国家第三产业相对劳动生产率大于或等于 1 的水平。如果不加速改善服务业劳动效率，而盲目提高服务业比重的话，就会形成低效的产业结构，而提高现代服务业比重是提升服务业效率的关键。上海"每百万劳动力中研发人员数"与发达国家相比差距大，上海未来效率提升要靠人力资本积累。在结构方面，上海工业部门就业和产值比重高，效率改善不错，但未来必然受到广义恩格尔定律的需求牵引，保持制造业的优势非常困难，从德国和新加坡的经验看，抑制地产泡沫是保持产业竞争力的关键。根据需求偏好相似理论，上海市的整体需求与消费将逐步与国际上的高收入经济体趋近，消费需求升级、生活质量的提高将成为未来经济发展新的增长点，创新、消费、投资、贸易和金融等都将围绕与城市生产、生活相关的现代服务业大发展机会而展开，能否抓住这一机会将成为上海经济转型和可持续增长的关键所在。

由上面的分析可知，上海未来发展转型升级的策略有 4 个方面：一是清晰地理解经济增长减速的原因，通过市场化的改革来实现转型升级的机制调整，而不是重新回到产业干预政策的老路上；二是效率持续改进应成为上海转型发展的核心目标，推动服务业的贸易水平，将服务延伸到长三角、全国和全球，通过服务业效率的持续改进来提升现代服务业的比重和扩大服务的规模；三是保持制造业的优势，提升其人力资本和技术创新是根本，抑制房价过快上涨也十分重要，特别应该抓住全球绿色创新的技术进步趋势，通过政府引导创新；四是通过金融、税收等手段实现"效率持续改进推动转型升级"的目标。

近年来，上海以"转型发展、创新驱动"为指引，坚持"五个更加注重"和减少"四个依赖"，将"转变发展方式的力度、广度和深度"作为衡量上海发展的最重要指标，紧扣把上海建设成为国际金融、航运、贸易和经济中心的"四中心"国家战略，把发展先进的现代服务业作为重要任务来抓。为了营造适合经济转型的市场环境，提出政府首先要转型，通过建设服务型政府，把上海建设成全国行政效能最高、行政透明度最高、行政收费最少的地区。上海近年来的转型升级实践已经取得了持续改进的成绩，未来应更加努力地探索以效率持续改善引导转型升级的道路，为国家能成功跨越中等收入陷阱找到新路子。

附： 基本评价方法和指标结构

（一） 上海创新发展转型升级指标设计

将转型升级指标分为两级，其中一级指标包括：效率、结构、潜力、生活和稳定。一级指标又包含 28 个具体指标。其中，效率包括 TFP 贡献率、GDP2 劳动生产率、GDP3 劳动生产率、资本产出率、土地产出率、地方税收增长；结构包括第三产业就业比重、第三产业占 GDP 比重、消费对经济增长贡献、贸易依存度、万元 GDP 能耗；潜力包括 R&D、每万劳动力中研发人员数、专利授权量、劳动力受教育程度、建成区与规划区比重、资本形成/GDP；生活包括环境指数、基础设施指数、公共服务覆盖率、人均收入增长、人类发展指数 （HDI）、房价收入比、家庭财富增长；稳定包括基尼系数、增长波动率、通货膨胀率、政府收入稳定 （见表 1）。

表 1　上海转型升级指标设计

层次	指标
效率	TFP 贡献率
	GDP2 劳动生产率
	GDP3 劳动生产率
	资本产出率
	土地产出率
	地方税收增长
结构	第三产业就业比重
	第三产业占 GDP 比重
	消费对经济增长贡献
	贸易依存度
	万元 GDP 能耗

续表

层次	指标
潜力	R&D
	每万劳动力中研发人员数
	专利授权量
	劳动力受教育程度
	建成区与规划区比重
	资本形成/GDP
生活	环境指数
	基础设施指数
	公共服务覆盖率
	人均收入增长
	人类发展指数（HDI）
	房价收入比
	家庭财富增长
稳定	基尼系数
	增长波动率
	通货膨胀率
	政府收入稳定

注：其中环境指数包括人均公共绿地、空气质量、城市噪声。

基础设施指数包括万人拥有医生、万人床位数、万人医院数、人均液化石油气家庭用量、万人影剧院数、万人实有出租车数、每公共汽电车客运总数、万人公共汽电车数量、人均铺装道路面积、人均供水量。

公共服务覆盖率包括基本养老保险覆盖率、基本医疗保险覆盖率、失业保险率覆盖率。

HDI 包括预期寿命指数、教育指数、人均 GDP 指数。

（二）各级权重

运用层次分析法，得出一级指标权重，其中效率占 0.2970，结构占 0.2970，潜力占 0.1807，生活占 0.1370，稳定占 0.0883。

效率具体指标的权重为：TFP 贡献率为 0.0462，资本产出率为 0.0359，土地产出率为 0.0320，地方税收增长为 0.0188，GDP3 劳动生产率为 0.0988，GDP2 劳动生产率为 0.0653。

结构具体指标的权重为：第三产业就业比重为 0.1069，第三产业占

GDP 比重为 0.0747，消费对经济增长贡献为 0.0566，贸易依存度为 0.0318，万元 GDP 能耗为 0.0270。

潜力具体指标的权重为：R&D 为 0.0249，每万劳动力中研发人员数为 0.0266，专利授权量为 0.0402，劳动力受教育程度为 0.0580，建成区与规划区比重为 0.0122，资本形成/GDP 为 0.0188。

生活具体指标的权重为：环境指数为 0.0094，基础设施指数为 0.0154，公共服务覆盖率为 0.0210，人均收入增长为 0.0288，人类发展指数（HDI）为 0.0110；房价收入比为 0.0121；家庭财富增长为 0.0394。

稳定具体指标的权重为：基尼系数为 0.0265，增长波动率为 0.0170，通货膨胀率为 0.0339，政府收入稳定为 0.0108。

（三）排名情况

上海市转型升级综合排名情况为，除 2006 年排名第二外，2005～2010 年的其他年份均排名第一，2006 年北京市排名第一。2010 年，国内发达城市中仅有两个城市以 2005 年为基期的转型升级指数超过 100，其中，上海市为 110.08，深圳市为 104.87，2005～2010 年国内主要城市的评价排名情况见表 2。

表 2　2005～2010 年国内主要城市的评价排名情况

年份	综合排名						
	2005	2006	2007	2008	2009	2010	2005 年后平均
北京市	2	1	2	2	2	2	2
天津市	4	5	5	5	5	5	5
上海市	1	2	1	1	1	1	1
广州市	3	4	4	3	3	4	3
深圳市	5	3	3	4	4	3	4

效率排名							
年份	2005	2006	2007	2008	2009	2010	2005 年后平均
北京市	5	5	5	5	5	5	5
天津市	3	3	3	4	4	4	4
上海市	2	1	1	1	2	1	1
广州市	1	2	4	3	1	3	2
深圳市	4	4	2	2	3	2	3

结构排名							
年份	2005	2006	2007	2008	2009	2010	2005 年后平均
北京市	1	1	1	1	1	1	1
天津市	5	5	5	5	5	5	5
上海市	3	3	3	2	2	2	2
广州市	2	2	2	3	3	3	3
深圳市	4	4	4	4	4	4	4

潜力排名							
年份	2005	2006	2007	2008	2009	2010	2005 年后平均
北京市	1	1	1	1	1	1	1
天津市	4	3	3	4	4	4	4
上海市	2	2	2	2	2	2	2
广州市	5	5	5	5	5	5	5
深圳市	3	4	4	3	3	3	3

生活排名							
年份	2005	2006	2007	2008	2009	2010	2005 年后平均
北京市	3	1	1	2	2	2	1
天津市	5	4	4	5	5	3	5
上海市	1	5	2	4	1	1	2
广州市	4	3	3	1	4	5	4
深圳市	2	2	5	3	3	4	3

稳定排名							
年份	2005	2006	2007	2008	2009	2010	2005 年后平均
北京市	2	1	1	1	3	1	1
天津市	4	3	4	3	2	4	3
上海市	1	2	3	4	1	2	2
广州市	3	4	2	2	4	3	4
深圳市	5	5	5	5	5	5	5

上海市效率综合排名情况为，除 2005 年、2009 年排名第二外，在其他年份均排名第一。2005 年、2009 年排名第一的是广州市。北京市效率综合排名第五。2010 年，国内发达城市中仅有两个城市以 2005 年为基期的效率指数超过 100，其中，上海市为 115.19，深圳市为 135.51。

上海市结构综合排名情况为，2005~2007 年排名第三，2008~2010年排名第二。2005~2010 年北京市结构综合排名第一。2010 年，国内发达城市中仅有两个城市以 2005 年为基期的结构指数超过 100，其中，上海市为 101.26，北京市为 105.59。

上海市潜力综合排名情况为，2005~2010 年均排名第二。2005~2010 年北京市潜力综合排名第一。2010 年，国内发达城市中仅有两个城市以 2005 年为基期的潜力指数超过 100，其中，上海市为 109.86，深圳市为 105.95。

上海市生活综合排名情况为，2005 年、2009 年、2010 年排名第一，2006 年排名第五，2007 年排名第二，2008 年排名第四。2010 年，国内发达城市中仅有 3 个城市以 2005 年为基期的生活指数超过 100，其中，上海市为 130.43，北京市为 112.89，天津市为 128.76。

上海市稳定综合排名情况为，2005 年、2009 年排名第一，2006 年排名第二，2007 年排名第三，2008 年排名第四，2010 年排名第二。北京市2006~2008 年和 2010 年排名第一，2005 年排名第二，2009 年排名第三。2010 年，以 2005 年为基期的稳定指数仅上海市低于 100，为 88.51。其他4 个城市均超过 100，其中，北京市为 102.26，天津市为 104.15，广州市为 103.85，深圳市为 103.72。

根据研究所得数据做出 2005 年以来及 2005~2010 年转型升级一级指标雷达图，从雷达图中可以看出影响发达城市转型升级的一级指标——效率、结构、潜力、生活、稳定的得分对比情况，从而对国内发达城市之间和城市自身发展状况进行比较。

目 录

CONTENTS

第 | 一 | 章

引　言

经过 30 余年来在全国的领先发展，上海市在 2011 年当年实现的国内生产总值逼近 2 万亿元大关，人均 GDP 达 12784 美元，进入"高收入经济体"区间。这一时期的经济增长处于规模收益递增（下凹形增长曲线）向规模收益递减（上凸形增长曲线）演变的关键转折阶段，长期以来人口红利与资本积累、工业化与国际化等因素交互作用下的规模收益递增正在显现出逐年衰减的态势。自 2007 年上海市 GDP 增长率达到最近 30 年的顶峰——15.2% 后，2008 年、2009 年出现下滑（9.7%、8.2%），2010 年回升到 10.3%，2011 年又降至 8.2%，虽然此中有国际金融、债务危机的外部冲击以及上海市主动结构转型的原因，但经济本身的波动性加大、潜在增长率下滑的趋势特征也已十分明显，影响社会经济的不稳定性因素不断增加，照此发展下去情况不容乐观。类似问题在沿海诸发达省份也已出现，经济已经很难维持原有增速了，甚至还会面临发展停滞的风险。但很多省份的政府仍希望以更强大的产业政策、数量化的转型指标强力推动转型，通过加大投资，保持增长，这实际上已经不符合发展阶段的内在规律了。我们认为，需要改变这种发展主义的理念，转向成熟经济体的依托市场激励、以效率持续改进推动转型与增长的方式。

在近年来我国转变经济发展方式及世界经济大调整的背景下，上海市在全国较早提出了结构调整与发展创新，相关指标与其他国内较发达城市相比也居于前列。不过，与国际上的发达经济体相比，上海的差距仍极其明显。由于现成理论总结与可资借鉴的相关经验并不很多，有关在转型期如何使总量、结构、分配、稳定等多重目标激励相容，同时协调好经济、社会、环境之间矛盾与冲突的许多政策实践仍在摸索之中，上海发展转型目前尚未形成一套比较成熟的做法甚至模式，工作的针对性、科学性和系统性都有待进一步提高。

转型发展可以理解为人类社会生产方式和生活方式的结构转变，转型升级受到效率提高和广义恩格尔定律的牵引。传统工业和现代工业的差别在于生产方式，同样的，传统服务业和现代服务业的差别也在生产方式上。现代生产方式的表现是生产分工深化，获得规模化生产能力，并得到规模收益，核心是劳动效率能得到持续的提升。现代生产方式推动了产业结构的调整，使其从低效率的农业转向高效率的工业，从高效率的工业转向更高效的服务业，在此过程中也推动了农业和工业发展，直到产业间效率均衡、结构稳定。生活方式则体现在广义恩格尔定律上，即从食品占消费支出比重的下降拓展到物质消费占消费支出比重的下降。因此，人类需求结构会牵引着产业不断变化，服务业比重会越来越高。但在可贸易条件下，一国或一个地区的供给结构不一定与需求结构完全吻合，而供给结构更多地服从效率原则（比较优势）。但从全球范围看，广义恩格尔定律又是决定性的，服务业需求比重会持续提高。

从全球经济发展规律看，将一个国家的增长速度分解后，增长最大的贡献者是各国产业部门的比重和该产业部门效率变动的乘积。如果服务业比重持续提高，制造业比重持续下降，但服务业效率改进又慢于制造业效率的变动速度，则整个经济增长速度将下降，欧美国家进入高收入水平后经济增长减速就是受到了上述规律的影响。服务业比重提高是因为受到广义恩格尔定律的牵引，而服务业可贸易水平低于制造业，由规模引致的效率持续改进要低于可贸易水平高的制造业。随着全球服务贸易的加速发展，这种局面会得到改善。纵观发达国家，服务业占 GDP 的比重不断上升和服务业不可贸易导致的效率改进速度慢等因素降低了发达国家的增长速度，但这也成就了它们比较均衡的经济结构。它们保持竞争优势的核心仍是服务业和制造业的效率改进，尽管各国策略不同，如德国更倾向于制造业，英美更倾向于服务业，但核心都是效率改进，而效率改进的背后是市场激励、人力资本、企业竞争力提升，以及政府和社会协调效率改善。

按照发达国家在 20 世纪 70 年代初期第二产业劳动力比重为 40% ~ 45% 和第三产业劳动力比重为 50% 的水平的情况，可以认为 2010 年的上海相当于发达国家 20 世纪 70 年代初期的发展水平。上海未来一段时期的经济增长将处于规模收益递增（下凹形增长曲线）向规模收益递减（上凸形增长曲线）演变的转折阶段，是从要素投入型规模扩张增长向效率驱动的集约和创新型增长过渡的时期。上海当前的增长减速实际上遇到了发达国家所曾面对的同样问题，城市化水平高达 90%，服务业比重不断上升，制造业比重不断下降，导致 GDP 增长速度下滑，重返过去的增长方式已不可能，解决问题的核心是如何能持续改进效率并形成更均衡的产业结构。本书在指标设计方面不采用以产业政策干预为基准的"转型升级指标"，而尝试以效率为主导，结构并举，把增长潜力（人力资本、企业研发等）、生活质量和稳定性纳入上海转型升级的评价体系中，强调持续劳动生产率的改善才是转型升级的根本。

本书安排如下，第一章为引言，第二章是发达国家和发展中国家经济发展经验研究，第三章是上海市与国内发达城市转型升级比较，第四章是结论及政策建议。通过对发达国家和发展中国家经济发展经验的研究，为本书提供理论支持，并在国内外现代化指标研究的基础上，结合中国发达城市的实际，将中国发达城市转型升级分为效率、结构、潜力、生活和稳定 5 个一级指标，并选取了 28 个具体指标，利用 2005 ~ 2010 年的数据，采用层次分析法对上海创新转型发展指标进行进一步的系统量化研究。通过数据分析，我们发现上海转型升级在 2005 年后一直排在全国五大城市（上海、北京、天津、广州和深圳）之首，与全球发达经济体比较，效率改进速度显著。当然也要看到这是通货膨胀和汇率等因素帮了忙，是名义上的赶超。当前上海也面临着很大的问题，主要是第三产业相对劳动生产率（即第三产业与第二产业劳动生产率之比，第二产业劳动生产率为 1）自 2002 年起就低于 1，到 2010 年已经降低至 0.7，2005～2010 年平均水平为 0.76，低于发达国家第三产业相对劳动生产率大于或等于 1 的水平。如果不加速改善服务业劳动效率，而盲目提高服务业比重的话，就会形成低效的产业结构，而提高现代服务业比重是提升服务业效率的关键。上海"每百万劳动力中研发人员数"与发达国家相比差距大，上海未来效率提升要靠人力资本积累。在结构方面，上海工业部门就业和产值比重高，效率改善不错，但未来必然受到广义恩格尔定律的需求牵引，保持制造业的优势非常困难。从德国和新加坡的经验看，抑制地产泡沫是保持产业竞争力的关键。根据需求偏好相似理论①，上海市的整体需求与消费将逐步与国际上的高收入经济体趋近，消费需求升级、生活质量的提高将成为未来经济发展新的增长点，创新、消费、投资、贸易和金融等都将围绕与城市生产、生活相关的现代服务业大发展机会而展开，能否抓住这一机会将成为上海经济转型和可持续增长的关键所在。

---

① 需求相似理论（Theory of Preference Similarity）是瑞典经济学家斯戴芬·伯伦斯坦·林德（Staffan B. Linder）于 1961 年在其论文《论贸易和转变》中提出的。该理论中的一个假定是，如果两国的平均收入水平相近，则两国的需求结构也必定相似。

第 | 二 | 章 |

发达国家和发展中国家经济
发展经验研究

在观察发达国家历史，并将其用于与发展中国家的比较时，产业效率是一个关键特征。发达国家第三产业劳动生产率普遍高于第二产业，而第三产业规模较大的发展中国家的第三产业劳动生产率则低于第二产业，发展中国家被效率低下的第三产业"包围"，社会资源流向规模庞大且效率缺乏的第三产业，经济陷入低增长的怪圈。

19世纪70年代以来，美国的第三产业劳动生产率一直高于第二产业，服务业发展沿着比较有效率的路径"正确"地演进着，导致了20世纪20年代以来美国服务业的高比重。而增长缓慢的发展中国家，普遍存在着产业结构动态变化中的"资源错配①"。发达国家长期增长中，第三产业的劳动生产率普遍高于或接近第二产业；而发展中国家正好相反，第三产业的劳动生产率普遍低于第二产业。一般的，发达国家的第三产业具有比第二产业更高的劳动生产率，因此才有第三产业规模的持续扩张和资源的"正确"再配置。但是，如果第三产业的劳动生产率比第二产业低，且差距持续扩大，则就会出现发展中国家的"资源错配"。发展的根本问题，是经济结构的调整问题。

---

① 发展中国家的资源错配，是指劳动力或资本发生了向低效率服务业的过快演进，导致了整体经济的无效率及相应的问题。

发展中国家有两种发展可能性，一种是经济严重服务化和低效率路径持续演进，导致发展中国家与发达国家的差距持续扩大；另一种是重塑经济结构，让劳动力和资本向劳动生产率相对较高的第二产业倾斜，提高经济的整体效率。

而中国服务业的比重达不到这么高的水平，这由服务业自身的劳动生产率低下所致，也就是说，中国的服务业不具有充分的规模扩张的内在动力。进一步说，上海市服务业占 GDP 的比重仍然不高，2009 年上海市服务业占 GDP 的比重仍然不到 60%（见图 2 - 1），同时上海市第三产业相对劳动生产率低于 1，这是导致上海市服务业占 GDP 比重难以提高的直接原因。

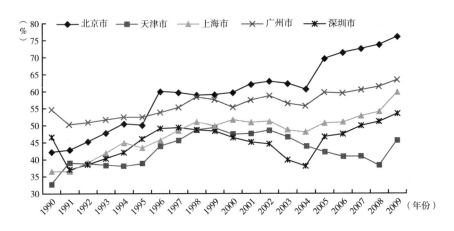

图 2 - 1　中国发达城市第三产业占 GDP 的比重

第一节　中国及上海市发展阶段

（一）中国发展阶段的国际比较

表 2 - 1 是基于 Mitchell 数据库和 Maddison 数据库给出的一个数据比

较，Maddison 数据库提供的最近年份的中国 GDP 数据是 2008 年的。经过简单的计算得到，2008 年中国人均 GDP 水平，大约相当于美国 1925 年、加拿大 1941 年、日本 1966 年的人均 GDP 水平，换句话说，中国现阶段经济水平，大约相当于美国 20 世纪 20 年代中期、加拿大 20 世纪 40 年代初期、日本 20 世纪 60 年代中期的水平。

表 2-1 中国 2008 年产业结构与相似发展时期发达国家的对比

单位：%

	GDP 份额			就业份额		
	第一产业	第二产业	第三产业	第一产业	第二产业	第三产业
美 国：1925 年	11	26	63	24	33	43
加拿大：1941 年	13	34	53	27	30	43
日 本：1966 年	9	44	47	26	32	42
中 国：2008 年	11	49	40	40	27	33

注：原始数据来源于 Mitchell（1998）、《中国统计年鉴（2009）》。美国 1925 年的 GDP 份额为 1919～1929 年的平均值，就业份额为 1920～1930 年的平均值；日本 1966 年的 GDP 份额、就业份额为 1960～1970 年的平均值。

美国在 20 世纪 20 年代正经历被称为"浮华年代"的空前繁荣，加拿大在 20 世纪 40 年代以及日本在 20 世纪 60 年代也正经历经济"结构性加速"时期。同时，中国在 2008 年也来到改革开放以来持续加速进程中的一站。

表 2-1 提供了相应发展阶段上 4 个国家 GDP 份额和就业份额的对比。从 GDP 份额看，中国与日本相近，第二产业 40% 以上的增加值份额成为维持高经济增长速度的基础。但是，从就业份额看，中国第三产业发展明显滞后，这个观察结果与其他研究基本相同。

（二）上海市发展阶段的国际比较

尽管第一产业的劳动生产率在 20 世纪 70 年代以来有着比第二、第三产业更为显著的增长，但是，由于发达国家第一产业规模很小，其劳动生产率的升降不会对全社会劳动生产率的增长产生显著影响，因此，我们在这里把注意力集中于第二、第三产业。10个发达国家1970年以来第二、第三产业就业比重的演进趋势如图2-2所示。这10个国家是比利时、法国、意大利、荷兰、瑞典、瑞士、西班牙、英国、美国和日本。正如曲线显示的那样，20世纪70年代以来发达国家出现了第二、第三产业之间的剧烈变化，劳动力向第三产业的快速流动，最终将发达国家的经济结构推向成熟。通常状况是，在20世纪70年代初期，10个发达国家第二产业劳动力比重大多为40%~45%的水平，第三产业的劳动力比重为50%左右的水平；经过近40年的演化，大多数国家的第三产业劳动力比重提高到70%~80%的水平，这成为成熟经济的典型表征。

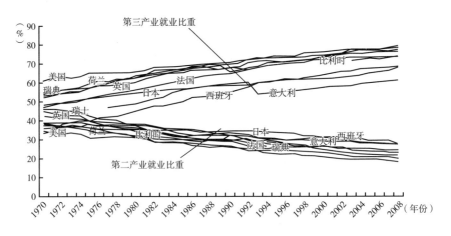

图2-2 10个发达国家第二、第三产业就业比重

注：第三产业就业比重缺少瑞士数据。

上海市2010年第二产业就业比重为40.50%，第三产业就业比重为59.22%（见表2-2、表2-3）。按照发达国家在20世纪70年代初期第二产业劳动力比重为40%~45%和第三产业劳动力比重为50%的水平的观点，可以认为上海市相当于发达国家20世纪70年代初期的发展水平。

表 2 - 2　中国发达城市第二产业就业比重

单位：%

年份	2005	2006	2007	2008	2009	2010	平均
北京	29.57	27.29	26.08	24.25	23.20	23.09	25.58
天津	51.04	51.35	50.41	47.79	48.56	48.24	49.57
上海	38.63	41.12	43.84	42.58	41.06	40.50	41.29
广州	42.60	42.74	44.11	42.83	42.62	41.82	42.79
深圳	53.83	55.35	53.55	52.13	53.92	54.82	53.93

表 2 - 3　中国发达城市第三产业就业比重

单位：%

年份	2005	2006	2007	2008	2009	2010	平均
北京	69.90	72.21	73.44	75.32	76.30	76.45	73.94
天津	48.61	48.35	49.28	51.92	51.14	51.46	50.13
上海	61.01	58.51	55.81	57.17	58.66	59.22	58.40
广州	57.07	56.93	55.60	56.88	57.13	57.98	56.93
深圳	45.75	44.41	46.22	47.64	45.90	45.07	45.83

第二节　第三产业相对劳动生产率

（一）发达国家第三产业相对劳动生产率

20 世纪 70 年代以来，在比较第三产业劳动生产率时，把各国第二产业劳动生产率标准化为 1，这样我们可以很方便地观察第三次产业相对于第二次产业的劳动生产率。这里需要明确发达国家生产率的一个重要特征：第三产业劳动生产率通常高于或等于第二产业劳动生产率。这是发达经济"正确"增长的重要标志，是经济"服务化"的根本效率基础。图 2 - 3 展示了 10 个发达国家 1970 年以来第三产业劳动生产率的变动趋势。①总体来看，在产业结构服务化的大趋势中，发达国家第三产业的劳动生产率普遍高于或等于第二产业的劳动生产率。其具体分为两个阶段：一是 1970 年~20 世纪 90 年代末期，各发达国家第三产业劳动生产率普遍高于第二产业劳动生产率；二是 2000 年以来，第二、第三产业劳动生产率呈现出相等的趋势。②随着第三产业规模的扩张和劳动力向服务业部门的持续转移，发达国家第三产业劳动生产率出现递减趋势，第二产业劳动生产率逐渐接近甚至超过第三产业劳动生产率。可以预期的是，随着产业结构的持续演进，第二、第三产业劳动生产率趋同是一种潜在趋势。发达国家与欠发达国家第三产业劳动生产率演进趋势见图 2 - 4。

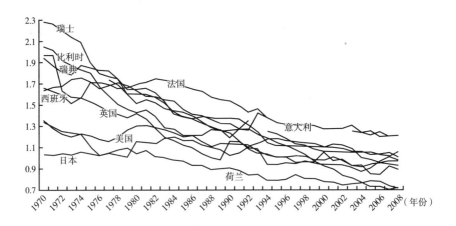

图 2 - 3　发达国家的第三产业相对于第二产业的劳动生产率

资料来源：UNDATA。

事实上，发达国家第三产业的高效率，不是 20 世纪 70 年代以来才有的。长期以来，发达国家第二、第三产业结构的演进，基本遵循了比较效率的原则，即服务业规模的扩大是基于自身高生产率的"实力"的，而非脱离了效率的凭空发展。限于数据的可获得性，表 2 - 4 展示了 5 个发达国家 19 世纪中期至 20 世纪 60 年代第三产业相对劳动生产率状况。从历史看，老牌工业化国家，如英国、美国、意大利等的第三产业

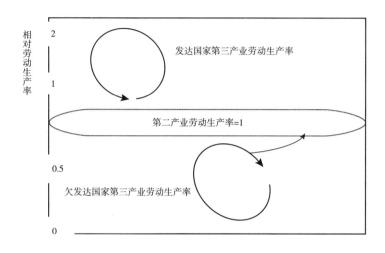

图 2 - 4　发达国家与欠发达国家第三产业劳动生产率演进趋势

注：图中圆圈表示第三产业劳动生产率在波动中变化的趋势。

劳动生产率相对较高，因此，发达国家"正确"的产业演化路径，有其深厚的历史背景。这种"正确"的演化动力，恰恰是发展中国家所普遍缺乏的。

表 2 - 4　发达国家历史上的第三产业相对劳动生产率

法国		意大利		瑞典		英国		美国	
1856 年	0.8	1871 年	1.8	1860 年	2.2	1841 年	1.6	1870 年	4.0
1866 年	0.9	1881 年	1.5	1870 年	2.0	1851 年	2.0	1880 年	3.4
1886 年	0.7	1901 年	2.1	1880 年	2.0	1861 年	1.7	1890 年	2.9
1896 年	0.7	1911 年	2.0	1890 年	2.0	1871 年	1.4	1900 年	2.7
1901 年	0.6	1921 年	1.2	1900 年	1.3	1881 年	1.5	1910 年	2.1
1906 年	0.7	1931 年	2.1	1910 年	1.3	1891 年	1.5	1920 年	2.2
1911 年	0.8	1936 年	1.5	1920 年	1.5	1901 年	1.5	1930 年	1.5
1936 年	1.0	1951 年	1.1	1930 年	1.3	1921 年	1.5	1940 年	1.1
1946 年	1.1	1961 年	1.5	1940 年	1.1	1931 年	1.8	1950 年	1.1
1954 年	0.8	—	—	1950 年	0.9	1951 年	1.1	1960 年	1.3
1962 年	0.8	—	—	1960 年	1.3	1961 年	1.0	—	—

资料来源：Mitchell（1998）。

（二）发展中国家第三产业相对劳动生产率

图 2-5 和图 2-6 提供了 13 个发展中国家的第三产业相对劳动生产率演进趋势。发展中国家第三产业劳动生产率普遍低于第二产业，因此服务业相对劳动生产率一般在小于 1 的区域里演化。这种情况与发达国家刚好相反。虽然个别国家如墨西哥、中国的第三产业相对劳动生产率一度出现大于 1 的情形，但是随着服务业规模的持续扩大，20 世纪 90 年代中期之后，也都落入小于 1 的区域。这种表现意味着，发展中国家日益扩大的服务业部门，是在比较低效率的状态下进行的，与发达国家正好相反。具体如下。①拉美情形。巴西和墨西哥第三产业相对劳动生产率较高，巴西的这个指标值基本维持在 0.8 ~ 0.9 的水平，墨西哥的这个指标值在 20 世纪 80 年代以前大于 1，但是之后有所下降，现阶段基本维持在 0.8 的水平。哥伦比亚、厄瓜多尔、智利、乌拉圭、委内瑞拉的指标状况比较糟糕，但是这些国家的服务业比重却较高。②其他国家情形。亚非 6 国表现出了相似的情况。20 世纪 90 年代以前，中国第三产业相对劳动生产率稍大于 1，但其后却出现了显著的下降，现阶段基本处于 0.7 的水平。泰国的这个指标值也持续走低，20 世纪 80 年代之前稍好，但之后一路走低。其他四国的情形明显比中国和泰国还要糟糕。③需要注意的是，这些发展中国家第三产业相对劳动生产率的低水平，是在产业结构服务化的进程中发生的，若这种状况得不到根本改善，将直接导致社会整体生产率恶化，进而阻碍国民收入的持续提高。

从劳动生产率的绝对值水平来看，发展中国家第三产业劳动生产率长期低于发达国家，且差距有逐渐拉大之势。在欠发达经济体中，拉美国家第三产业的劳动生产率较高，就现阶段的水平而言，其比东亚和东南亚发展中国家的水平至少高出一倍。以 UNDATA 的 2005 年不变价美元估算，目前，拉美国家第三产业劳动生产率大致相当于美国的 1/7（个别国家，

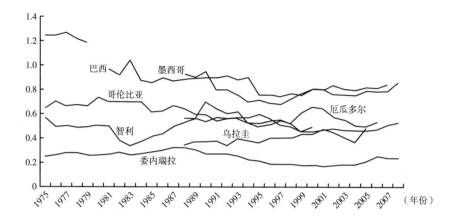

图 2 - 5　拉美 7 国第三产业相对于第二产业的劳动生产率

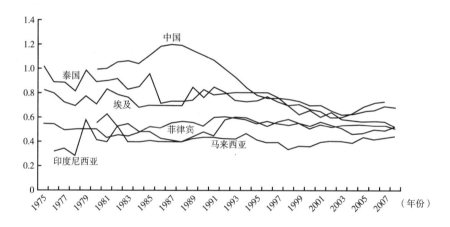

图 2 - 6　亚非 6 国第三产业相对于第二产业的劳动生产率

如墨西哥的情形稍好，但是也只相当于美国的 1/4 ~ 1/5），亚非国家就更低了。美国等发达国家的第三产业是在极高的效率的基础上，进行自身演化的，并达到了 70% ~ 80% 的比重。发展中国家的第三产业是在较低的水平上演化的，虽然也达到了 60% 甚至更高的水平，但是，服务业的低效率逐渐成为经济持续增长的累赘。因此，我们对发展中国家产业结构演化的一个基本看法是：发展中国家只是复制了发达国家产业结构现代化的"外壳"。发达国家从历史上看严格遵循了第一、第二、第三产业的演化顺序，就业的产业间转移也符合库兹涅茨规律，以至于我们可以观察到这种有趣的现象：20世纪80年代以前，发达国家第二产业的就业比重经常维持在40%或更高的水平之上。但是，从历史上看，发展中国家第二产业发展明显不足，就业比重能够达到30%就算高的了。由此我们可以看出，发展中国家产业结构服务化的趋势，很可能是在尝试危险的"蛙跳"。发展中国家表现出来的增长乏力，与产业结构服务化有关。之所以强调发展中国家产业结构演化中资源错配问题的重要性，是因为这个问题本质上涉及发展中国家增长的可持续性：发展中国家的产业效率本来就相对低下，不经过充分的工业化就无法实现经济的可持续增长，国民收入的持续提高也就无从谈起。

（三）上海市第三产业相对劳动生产率

1990～2010年上海市第三产业相对劳动生产率显著下降，从1990年的1.88下降到2010年的0.70。上海市2002年以后的第三产业相对劳动生产率持续低于1，2005～2010年的平均水平为0.76，见图2-7。发达国家和中国发达城市第三产业相对劳动生产率见表2-5。

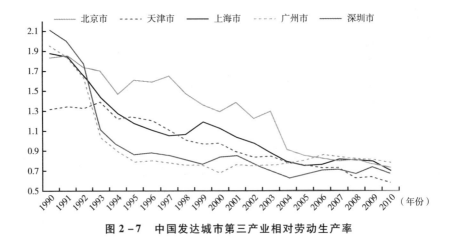

图2-7　中国发达城市第三产业相对劳动生产率

表 2－5　发达国家和中国发达城市第三产业相对劳动生产率

年份	1970	1975	1980	1985	1990	1995	2000	2005	2008
日　本	1.03	1.04	1.15	1.16	1.02	1.18	1.10	0.98	0.93
英　国	1.66	1.53	1.41	1.12	1.15	0.94	0.96	0.94	0.98
加拿大	0.79	0.74	0.73	0.63	0.63	0.60	0.56	0.59	0.65
美　国	1.35	1.21	1.30	1.20	1.13	1.01	0.98	0.94	0.97
西班牙	1.96	1.72	1.63	1.46	1.32	1.14	1.10	1.03	1.01
瑞　典	1.94	1.85	1.64	1.38	1.37	1.11	0.92	0.73	0.72
荷　兰	1.34	1.10	1.04	0.97	0.91	0.79	0.78	0.78	0.72
意大利	—	1.73	1.60	1.39	1.26	1.33	1.27	1.25	1.20
法　国	1.63	1.71	1.69	1.67	1.54	1.38	—	1.24	1.21
北京市	—	—	—	—	1.83	1.60	1.29	0.84	0.81
天津市	—	—	—	—	1.31	1.23	0.97	0.75	0.62
上海市	—	—	—	—	1.88	1.17	1.12	0.74	0.80
广州市	—	—	—	—	1.94	0.78	0.67	0.79	0.81
深圳市	—	—	—	—	2.11	0.85	0.83	0.65	0.66

第三节　产业劳动生产率

（一）中国产业劳动生产率远低于发达国家

自 20 世纪 70 年代末期以来，中国一直在所谓的劳动力比较优势路径上发展，即通过压低劳动力价格获得产业竞争力，而不是像发达国家那样通过创新（以抵消高价劳动力成本）来获得竞争优势。即便如此，这种通过发挥资源禀赋优势所实现的经济追赶，效果也很显著，以至于这种成效被不少研究者当作全球化和开放利益的典型代表。表 2－6 给这个现象所蕴含的积极意义提供了数据支持，即改革开放以来，中国第二、第三产业经济效率出现了显著的追赶趋势，中国与发达国家及其他发展中国家的差距正逐步缩小。典型的如，20 世纪 90 年代中期，发达国家——英、法、美、意、日等国第二产业劳动生产率相当于中国的 20～30 倍，第三产业劳动生产率相当于中国的 30～40 倍（除英国外，英国为 28 倍）；到 2008 年，中国与上述国家劳动生产率的差距明显缩小了：发达国家第二产业劳动生产率约为中国的 10 倍，第三产业劳动生产率为中国的 15～20 倍。不仅如此，相对于一些发展中国家而言，中国也表现出"后来居上"的趋势：典型的如，20 世纪 90 年代中期，中国第二产业劳动生产率约为智利、墨西哥的 1/10，到了 2008 年，差距缩小到约 1/4；第三产业也表现出了类似的差距缩小趋势。

表 2-6　中国产业劳动生产率与发达国家和发展中国家的对比
（将中国各次产业劳动生产率标准化为 1）

年份	英国			年份	美国		
	第一产业	第二产业	第三产业		第一产业	第二产业	第三产业
1995	43	24	28	1995	43	28	36
2008	30	10	15	2008	66	13	18

年份	法国			年份	意大利		
	第一产业	第二产业	第三产业		第一产业	第二产业	第三产业
1995	69	22	38	1995	46	23	39
2008	55	9	16	2008	39	9	15

年份	日本			年份	巴西		
	第一产业	第二产业	第三产业		第一产业	第二产业	第三产业
1995	36	24	35	1995	3.1	5.2	5.0
2008	26	11	15	2008	2.8	1.6	2.0

年份	智利			年份	墨西哥		
	第一产业	第二产业	第三产业		第一产业	第二产业	第三产业
1995	7.2	9.8	6.5	1995	5.4	10.7	9.7
2008	6.7	4.2	3.3	2008	5.0	3.5	4.5

年份	泰国			年份	马来西亚		
	第一产业	第二产业	第三产业		第一产业	第二产业	第三产业
1995	1.6	3.3	3.4	1995	11.1	6.6	4.7
2008	1.2	1.7	1.3	2008	8.4	3.3	2.6

（二）上海市产业劳动生产率与发达国家差距巨大，但改善迅速

上海市第二、第三产业劳动生产率与发达国家差距巨大，但提升非常显著。以2005年不变价格美元表示的发达国家和中国发达城市的第二、第三产业劳动生产率见表2-7、表2-8。

表2-7　发达国家和中国发达城市第二产业劳动生产率
（以2005年不变价格美元表示）

单位：美元/人

年份	1970	1975	1980	1985	1990	1995	2000	2005	2008
日　本	34411.5	40363.5	47161.7	51456.2	64412.8	61151.8	66992.4	77836.6	82713.6
英　国	29228.3	31638.4	35652.8	47683.5	50048.4	61910.9	68837.8	75040.4	74935.5
加拿大	58803.0	62584.1	64847.7	77664.5	78297.3	83536.5	97097.0	96197.6	90336.0
美　国	49915.4	55191.8	52904.9	58818.8	63489.1	73197.1	84442.4	92054.7	92200.2
西班牙	25937.5	32494.4	38457.5	46783.8	49324.6	55303.4	53879.6	53302.7	54893.1
瑞　典	25687.8	28846.8	31694.6	38566.1	41955.9	57311.3	73735.8	97046.3	97560.4
荷　兰	45314.1	57867.2	63159.4	68542.1	68227.8	77500.1	83092.2	87271.0	96497.0
意大利	—	37021.1	41715.0	47715.1	56431.1	59614.5	62860.2	61835.3	62544.0
法　国	31298.3	36570.4	40631.4	43732.0	50964.1	56760.2	—	65775.4	67879.3
北京市	—	—	—	—	3337.7	3361.9	7090.5	10926.9	14506.7
天津市	—	—	—	—	2921.9	2831.4	6930.4	14448.7	23476.1
上海市	—	—	—	—	3503.3	4543.1	9990.9	16407.8	24670.7
广州市	—	—	—	—	3692.8	5817.6	11395.0	13806.6	16383.3
深圳市	—	—	—	—	2897.1	4521.7	7936.1	14343.4	18292.3

资料来源：UNDATA和中国各省市统计年鉴。

1990年，发达国家第二产业劳动生产率是上海市的11~23倍，到2008年，发达国家第二产业劳动生产率仅为上海市的2~4倍。这说明在这近20年的时间里上海市第二产业劳动生产率有了极大的改善，但上海市第二产业劳动生产率与发达国家仍有1~3倍的差距。发达国家和中国发达城市第二产业劳动生产率的比较见表2-9。

表 2-8 发达国家和中国发达城市第三产业劳动生产率

（以 2005 年不变价格美元表示）

单位：美元/人

年份	1970	1975	1980	1985	1990	1995	2000	2005	2008
日　本	35514.5	41972.3	54304.2	59754.7	65950.8	71999.9	73705.0	76523.2	76678.0
英　国	48449.5	48427.4	50362.3	53251.8	57722.0	58021.8	65783.6	70442.2	73164.5
加拿大	46322.4	46128.2	47067.3	48693.9	49585.8	49907.1	54136.7	57111.3	59004.8
美　国	67564.9	66570.0	68614.5	70387.1	72025.1	73658.6	82442.4	86487.5	89070.9
西班牙	50920.4	55745.7	62780.7	68321.8	65071.4	63278.5	59322.0	55062.3	55293.1
瑞　典	49807.8	53348.8	52109.9	53319.0	57602.7	63620.2	67900.0	70719.3	70403.8
荷　兰	60523.3	63736.6	65811.3	66638.3	61777.9	61056.7	64729.2	68424.2	69089.9
意大利	—	64052.7	66952.1	66177.5	70883.6	79448.2	79883.1	77203.9	75347.7
法　国	51138.1	62712.2	68696.2	73203.4	78269.4	78313.1	—	81251.4	82109.3
北京市	—	—	—	—	6122.8	5392.7	9111.7	9200.6	11681.3
天津市	—	—	—	—	3825.8	3493.4	6696.5	10818.7	14544.7
上海市	—	—	—	—	6580.3	5310.9	11218.7	12170.4	19640.6
广州市	—	—	—	—	7176.8	4540.1	7648.3	10952.9	13281.4
深圳市	—	—	—	—	6102.6	3864.3	6563.1	9302.6	12027.1

资料来源：UNDATA 和中国各省市统计年鉴。

表 2-9 发达国家和中国发达城市第二产业劳动生产率的比较

年份	1990	1995	2000	2005	2008
日　本	18.39	13.46	6.71	4.74	3.35
英　国	14.29	13.63	6.89	4.57	3.04
加拿大	22.35	18.39	9.72	5.86	3.66
美　国	18.12	16.11	8.45	5.61	3.74
西班牙	14.08	12.17	5.39	3.25	2.23
瑞　典	11.98	12.62	7.38	5.91	3.95
荷　兰	19.48	17.06	8.32	5.32	3.91
意大利	16.11	13.12	6.29	3.77	2.54
法　国	14.55	12.49	—	4.01	2.75
北京市	0.95	0.74	0.71	0.67	0.59
天津市	0.83	0.62	0.69	0.88	0.95
上海市	1	1	1	1	1
广州市	1.05	1.28	1.14	0.84	0.66
深圳市	0.83	1.00	0.79	0.87	0.74

1990 年，发达国家第三产业劳动生产率是上海市的 8～12 倍，到 2008 年，发达国家第三产业劳动生产率仅为上海市的 2.8～4.6 倍。这说明在这近 20 年的时间里上海市第三产业劳动生产率有了一定的改善，但与发达国家仍有 3 倍左右的差距。上海市第三产业劳动生产率的改善速度不如第二产业，也印证了下文上海市第三产业相对劳动生产率（第二产业劳动生产率为 1）在 1990～2008 年有了极大幅度的下降的观点。发达国家和中国发达城市第三产业劳动生产率的比较见表 2-10。

表 2-10　发达国家和中国发达城市第三产业劳动生产率的比较

年份	1990	1995	2000	2005	2008
日　本	10.02	13.56	6.57	6.29	3.90
英　国	8.77	10.93	5.86	5.79	3.73
加拿大	7.54	9.40	4.83	4.69	3.00
美　国	10.95	13.87	7.35	7.11	4.54
西班牙	9.89	11.91	5.29	4.52	2.82
瑞　典	8.75	11.98	6.05	5.81	3.58
荷　兰	9.39	11.50	5.77	5.62	3.52
意大利	10.77	14.96	7.12	6.34	3.84
法　国	11.89	14.75	—	6.68	4.18
北京市	0.93	1.02	0.81	0.76	0.59
天津市	0.58	0.66	0.60	0.89	0.74
上海市	1	1	1	1	1
广州市	1.09	0.85	0.68	0.90	0.68
深圳市	0.93	0.73	0.59	0.76	0.61

（三）上海市产业劳动生产率与发达国家差距大的原因

上海市产业劳动生产率与发达国家差距如此之大是因为在实现了持续几十年的快速追赶后，两种日益明显的反作用机制将抑制未来上海市的赶超进程：一是学习效应的递减；二是结构变迁中资源错配隐忧的存在。学习效应（干中学、投中学）对于中国经济增长的作用，在张平、刘霞辉的文献①中得到了较多的探讨，该研究同样适用于上海市。一方面，上海市工业的规模扩张和开放，促进了学习效应的发挥和累积，并被认为是产业效率持续提高的主要动因。另一方面，就像日本所经历的那样，高增长及模仿到了一定阶段后，随着本国技术逐渐向国际技术前沿接近，学习效应发生递减。此时，如果没有适当的创新机制抵消这种负面影响，那么工业及整体经济增长就可能出现显著的减速现象及一系列的经济问题。至少从现阶段来看，上海市产业部门中还没有抵消学习效应递减、进而促使上海市产业劳动生产率持续追赶的内生机制产生。

上海市工业发展的这种问题，本质上导致了结构调整中的资源错配。上海市的第三产业相对劳动生产率在1990年一度接近2，2002年后开始落入小于1的区域，2005～2010年这个数值的平均水平为0.76。值得强调的是，单纯的产业份额分析并无实质意义。如果中国的服务业部门具有相对于工业部门较高的劳动生产率，那么服务业的规模扩张将沿着库兹涅茨规律发展，与发达国家"正确的"服务业发展方式吻合，产业结构变迁也因此具有"结构优化"的含义，服务业的这种发展，整体上促进了全社会生产率的提高。反之，如果中国服务业一直沿着相对于工业低效率的路径发展下去，那么结构调整中的资源错配将成为值得关注的问题。

第四节　产业劳动生产率增长

（一）发达国家第二、第三产业劳动生产率持续增长但增速放缓

发达国家20世纪70年代以来的全社会劳动生产率增长减速，可以由

---

① 张平、刘霞辉：《中国经济增长前沿》，中国社会科学出版社，2007。

产业结构变动和产业劳动生产率变动来解释。在对结构变动效应进一步分析之前，先来看看第二、第三产业劳动生产率的具体情况。

图2-8和图2-9反映了发达国家40年来第二、第三产业劳动生产率水平的状况，对应于曲线上每个点的切线斜率就是劳动生产率的增长率。对比两张图我们所得到的总体印象是，第二产业劳动生产率的增长率普遍比第三产业劳动生产率的增长率高。简单的统计分析显示，在各个历史时期，9国第二产业劳动生产率增长率平均值约为第三次产业的2~3倍。例如，1985~1990年、1995~2000年、2005~2008年，9国第二产业劳动生产率增长率的平均值分别为1.9%、2.3%、0.7%；第三产业劳动生产率增长率的平均值分别为0.7%、1.1%、0.4%。因此，发达国家产业结构服务化演进过程中，第三产业劳动生产率增长率普遍低于第二产业，导致全社会劳动生产率增长率被拉低。9个发达国家1975~2008年主要年份第二、第三产业劳动生产率增长率分别见表2-11、表2-12，劳动生产率增长变化趋势分别见图2-10、图2-11。

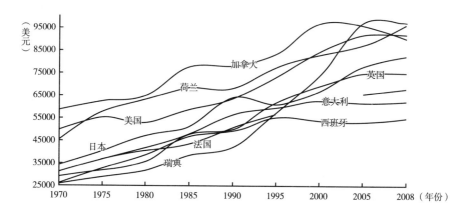

图2-8　9个发达国家1970~2008年第二产业劳动生产率水平

资料来源：UNDATA。

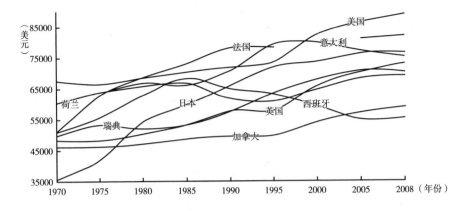

图 2-9 9 个发达国家 1970～2008 年第三产业劳动生产率水平

资料来源：UNDATA。

表 2-11 9 个发达国家 1975～2008 年主要年份第二产业劳动生产率增长率

单位：%

年份	1975	1980	1985	1990	1994	2000	2004	2008
法 国	3.37	2.22	1.53	3.31	2.84	2.22	1.59	0.80
意大利	4.23	4.23	2.88	3.65	1.13	1.09	-0.33	0.38
荷 兰	5.54	1.83	1.70	-0.09	2.72	1.44	1.01	3.52
西班牙	5.06	3.67	4.33	1.09	2.42	-0.51	-0.21	0.99
瑞 典	2.46	1.97	4.34	1.76	7.32	5.73	6.32	0.18
英 国	1.65	2.54	6.75	0.99	4.74	2.24	1.80	-0.05
加拿大	1.29	0.72	3.95	0.16	1.34	3.25	-0.19	-2.03
美 国	2.11	-0.83	2.24	1.59	3.06	3.07	1.80	0.05
日 本	3.46	3.37	1.82	5.04	-1.01	1.91	3.24	2.09

注：法国 2000 年、意大利 1975 年为估计数。

表 2-12 9 个发达国家 1975～2008 年主要年份第三产业劳动生产率增长率

单位：%

年份	1975	1980	1985	1990	1994	2000	2004	2008
法 国	4.53	1.91	1.31	1.38	0.01	0.19	0.38	0.26
意大利	1.51	1.51	-0.23	1.42	2.42	0.11	-0.67	-0.80
荷 兰	1.06	0.65	0.25	-1.46	-0.23	1.20	1.14	0.32
西班牙	1.90	2.52	1.77	-0.95	-0.55	-1.25	-1.44	0.14
瑞 典	1.42	-0.46	0.46	1.61	2.09	1.35	0.83	-0.15

续表

年份	1975	1980	1985	1990	1994	2000	2004	2008
英　国	− 0.01	0.80	1.15	1.68	0.10	2.68	1.42	1.29
加拿大	− 0.08	0.41	0.69	0.37	0.13	1.69	1.10	1.11
美　国	− 0.29	0.61	0.52	0.47	0.45	2.38	0.98	1.00
日　本	3.64	5.88	2.01	2.07	1.83	0.47	0.76	0.07

注：法国 2000 年、意大利 1975 年为估计数。

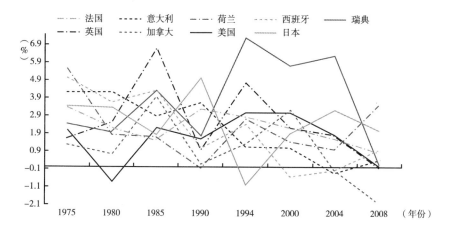

图 2 - 10　9 个发达国家 1975~2008 年主要年份第二产业
劳动生产率增长变化趋势

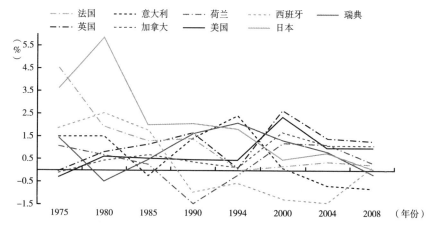

图 2 - 11　9 个发达国家 1975~2008 年主要年份第三产业
劳动生产率增长变化趋势

将时间因素与结构因素综合起来考虑。第一，从长期趋势成分看，尽管两次产业劳动生产率均表现出或快或慢的增长，但是，由于第三产业劳动生产率普遍低于第二产业，在产业结构服务化的背景下，全社会劳动生产率增长率走低。

第二，如果考虑到短期非结构性因素对第二产业和第三产业的负向冲击，那么两次产业劳动生产率在特定时期出现短暂的下降（负增长）也是有可能的——正如图 2-8 和图 2-9 显示的那样，1995 年以来，不少国家的劳动生产率曲线发生向下弯曲。因此，短期劳动生产率的负增长叠加到长期结构性减速趋势上，压制了发达国家劳动生产率的增长趋势。

（二）发达国家结构性加速和结构性减速

首先来看长期经济增长率最重要的影响因素——劳动生产率的变化情况。伴随着两次工业革命及城市化，各发达国家先后经历了结构性加速和结构性减速。

结构性加速产生的原因是经济发展重心由农业经济向工业化的转移。其间，劳动力资源被重新配置到劳动生产率更高的工业部门，并促进社会整体劳动生产率的提高。但是，随着各个发达国家日益走向城市化，劳动力再次被重新配置，由劳动生产率较高的工业部门向劳动生产率相对较低的服务业部门转移，导致经济增长呈现结构性减速。如表 2-13 所示，12 个发达国家劳动生产率增长速度下降的趋势在 20 世纪 60 年代开始出现，如英国、法国、意大利、荷兰等国。但是，劳动生产率增长速度的普遍下降，出现于 20 世纪 70 年代并持续至今。发达国家劳动生产率增长速度的普遍下降，与人均 GDP 增长减速的时期基本一致。进一步的观察显示，相对于高增长时期，发达国家劳动生产率减速的幅度普遍较大。例如，法国在 20 世纪五六十年代的劳动生产率增长率为 5% ~ 6%，在 90 年代之后降低为 0.28%；德国在 20 世纪 90 年代以后几乎无明显增长。

（三）劳动生产率减速的结构效应

结构性减速是指，由于服务业劳动生产率增长速度（进而由于服务业自身的增长速度）减缓，全社会劳动生产率增长速度降低，进而导致经济整体增长速度减缓。产业结构向服务化演进的趋势对全社会劳动生产率增长带来巨大冲击（见表 14）。

表 2 - 13　12 个发达国家劳动生产率变化状况

单位：%

时期	法国	德国	意大利	荷兰	挪威	西班牙	瑞典	瑞士	英国	加拿大	美国	日本
1890's	2.06	1.01	4.24	0.40	1.62	1.42	2.73	0.07	0.67	1.92	1.56	—
1910's	- 1.34	- 0.25	- 0.59	1.08	2.22	1.38	0.12	- 0.09	0.94	- 1.66	6.22	4.23
1920's	0.21	0.52	3.15	3.06	2.97	—	3.00	4.50	0.25	1.36	0.66	1.53
1930's	1.40	8.17	—	—	0.75	0.09	2.07	0.31	- 1.30	4.73	2.03	6.31
1940's	—	- 1.66	1.61	- 0.56	7.55	- 0.21	4.34	5.16	1.12	2.80	0.20	- 3.16
1950's	5.99	8.10	8.22	6.27	4.40	7.77	2.83	3.49	4.10	2.54	1.43	9.00
1960's	5.27	4.97	6.26	4.59	4.50	8.55	5.12	3.23	2.29	3.22	0.31	12.50
1970's	2.59	3.50	3.07	1.83	1.34	5.53	0.14	1.17	2.47	0.17	4.70	4.56
1980's	3.79	2.99	2.40	0	2.35	1.72	0.94	- 0.33	2.87	0.70	2.14	3.62
1990's 及以后	0.28	- 0.01	1.73	1.24	3.17	2.00	2.83	0.91	0.86	2.36	2.33	0.96

表 2 - 14　9 国劳动生产率减速的结构效应（以 1950 年各国
各次产业增加值比重为基准）

单位：%

国家	1970 ~ 1975 年	1975 ~ 1980 年	1980 ~ 1985 年	1985 ~ 1990 年	1990 ~ 1995 年	1995 ~ 2000 年	2000 ~ 2005 年	2005 ~ 2008 年
法　国	0	- 23	- 29	- 32	- 63	- 63	- 47	- 55
意大利	—	- 39	- 73	- 39	- 54	- 77	- 187	- 172
荷　兰	- 35	- 41	- 29	—	- 61	0	34	- 54

续表

国家	1970 ~ 1975 年	1975 ~ 1980 年	1980 ~ 1985 年	1985 ~ 1990 年	1990 ~ 1995 年	1995 ~ 2000 年	2000 ~ 2005 年	2005 ~ 2008 年
西班牙	-35	-24	-14	-93	-71	-135	-3	-72
瑞　典	-19	-84	-49	-34	-23	-33	-38	-281
英　国	-44	-26	-29	0	-36	0	-22	172
加拿大	0	0	-6	-53	25	-12	-24	-25
美　国	-39	—	-37	-20	-18	-11	-42	-2
日　本	-23	27	-21	-1	92	-43	-9	-43

资料来源：Mithell（1998）、UNDATA。

　　发达国家日趋完善的激励和保障制度，为劳动生产率的持续增长提供了不竭的动力，因此，没有理由认为发达国家劳动生产率水平会出现系统性下降。但是，正如事实所表现的那样，第二次世界大战后普遍发生于发达国家的强劲增长，在将产业结构彻底重塑之后，最终把这些国家的经济推向成熟。也正是在这种背景下，由劳动生产率增长的结构性减速所导致的人均 GDP 增长减速引人注目。

　　劳动生产率增长减速问题之所以重要，是因为发生劳动生产率增长减速的国家，国民收入的增长速度也将会减缓。尤其是在经济由高速增长向低速增长的过渡阶段，这种减速可能导致一系列问题。问题一是：若这种减速不是短期波动，而是作为系统性或长期趋势存在，那么，长期中国民收入增长速度的降低，将为福利主义国家社会保障系统的安全运行带来系统性冲击；问题二是，国民收入增长减速可能为人力资本投资、研发投资、资本设备投资等带来一系列阻碍，并迫使经济政策进行调整；问题三是，这种观点为经济周期分析提供的一个有益启示是，经济周期的产生或许与劳动生产率的结构性加速或结构性减速存在某种形式的联系。限于篇幅和写作目的，本书不对这些问题进行研究。

　　至此，可以将有关方法和问题纳入中国经济问题分析。20 世纪 70 年代末期改革开放以来，中国经济发生了持续 30 年的快速增长。其间，农村劳动力向现代部门的转移，对于促进全社会劳动生产率的提高作用巨大。同时，人口红利的出现，为30年的经济扩张注入了源源不断的活力。采用前文类似的分解方法，1979～2010年，劳动生产率增长率的持续提高仍是人均GDP增长的重要促进因素，简单的统计分析表明，劳动生产率增长率可以解释约80%的人均GDP增长，人均GDP其余20%的增长由劳动参与率变化和劳动力比重的变化来解释。中国1979～2010年人均GDP增长率与劳动生产率的回归趋势见图2-12。

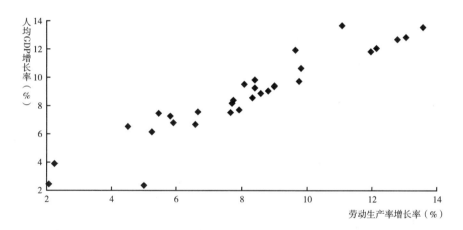

图2-12　中国1979～2010年人均GDP增长率与劳动生产率的回归趋势

资料来源：历年中国统计年鉴。

（四）上海市产业劳动生产率增长很快，但呈下降趋势

上海市第二、第三产业劳动生产率增长以及全社会劳动生产率增长都很快，但增速呈下降趋势，导致上海市的GDP增速呈下降趋势（见图2-13）。

上海市第二产业劳动生产率增长远快于发达国家，同样增长速度呈下降趋势，见图2-14。从与国内发达城市的比较情况看，2005～2010年上海市第二产业平均劳动生产率增长9.17%，仅低于天津的13.63%。

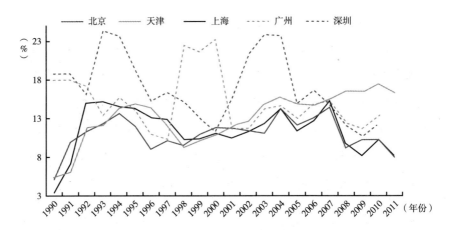

图 2 – 13　1990～2011 年中国发达城市 GDP 增长率

注：广州和深圳暂缺 2011 年 GDP 增长率数据。

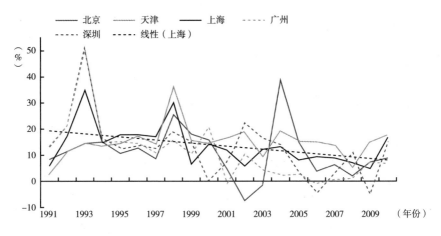

图 2 – 14　1991～2010 年中国发达城市第二产业劳动生产率增长率变化趋势

　　上海市第三产业劳动生产率增长快于发达国家，但增长速度呈下降趋势，见图 2 – 15。从与国内发达城市的比较情况看，2005～2010 年上海市第三产业平均劳动生产率增长 7.19%，仅低于天津的 8.32%。

　　上海市全社会劳动生产率增长远快于发达国家（见表 2 – 15），但增长速度呈下降趋势，见图 2 – 16。从与国内发达城市的比较情况看，2005～2010 年上海市平均劳动生产率增长 8.90%，仅低于天津的 12.05%。

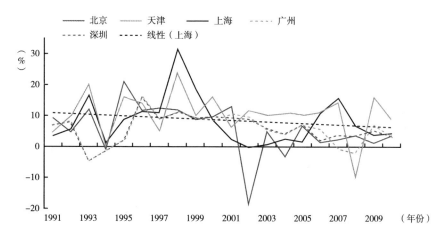

图 2 – 15　1991～2010 年中国发达城市第三产业劳动生产率增长率变化趋势

表 2 – 15　2005～2010 年发达国家与中国发达城市全社会劳动生产率增长率

单位：%

年份	2005	2006	2007	2008	2009	2010	平均
美　国	1.5	0.8	1.2	0.7	2.1	3.0	1.55
英　国	1.2	2.2	1.8	− 0.5	− 2.1	0.9	0.58
德　国	1.2	3.6	1.7	− 0.1	− 2.5	1.4	0.88
日　本	2.2	1.1	1.9	− 0.1	− 1.7	3.2	1.10
韩　国	4.3	4.0	5.5	4.3	1.2	6.4	4.28
北　京	9.01	2.38	4.66	3.30	3.06	5.06	4.58
天　津	13.58	13.92	14.72	0.20	15.54	14.36	12.05
上　海	5.73	11.35	13.84	7.32	4.33	10.84	8.90
广　州	6.29	8.41	5.71	4.56	8.00	6.00	6.50
深　圳	− 8.93	3.74	13.42	9.63	7.13	10.15	5.86

注：发达国家劳动生产率来源于 OECD 数据库。

（五）上海市第三产业发展与结构减速

如果把第三产业发展滞后与结构性减速联系起来，我们将会有如下一些认识：与美国、加拿大比较起来，日本在相对较短的时间里推动和完成了产业结构的服务化，因此也产生了令人瞩目的结构性加速与结构

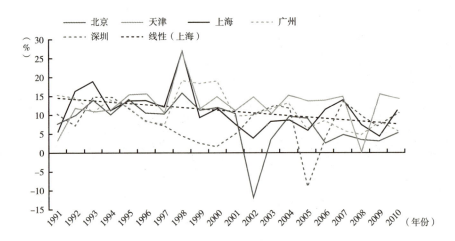

图2-16 1991~2010年中国发达城市全社会劳动生产率增长率变化趋势

性减速的转换。国内众多的增长与宏观问题就根源于此。类似的，在产业结构迅速服务化的进程中，如果中国采取"突飞猛进"的方式，那么结构效应的巨大负向冲击是可以预见的。从上海市来看，其城市化推进速度越快，经济就越来越朝着经济服务化方向发展，结构效应的负向冲击就会越大。

发生于西方国家的结构性减速问题，对于理解上海长期经济增长具有极大的启发意义。未来一二十年里，上海市将面临产业结构服务化的调整，以及人口结构的转型，认识结构性加速的特征及规律，有利于长期经济政策的制定和调整。

20世纪70年代以来普遍发生于发达国家的经济增长减速，是工业化向城市化发展进程中的一种系统性趋势。当经济渐趋成熟，就业会向服务业部门集中，高就业比重、低劳动生产率增长率的第三产业的扩张，拉低了这些国家的全社会劳动生产率增长率。作为长期经济增长的重要影响因素，劳动生产率增长率的降低将影响国民收入增长，进而给国民福利及投资、消费等带来冲击。

同样，20世纪70年代以来发达国家劳动生产率增长率均出现不同程度的减退，这也是经济增长 S 曲线从下凹阶段进入上凸阶段的规律。当前上海市人均 GDP 已经跨入发达国家收入水平，所处发展阶段相当于发达国家 20 世纪 70 年代初期，即由经济增长 S 曲线的下凹加速增长的阶段转入 S 曲线上凸的规模收益递减的阶段。

长期中上海市社会经济面临的最大压力，将是结构性减速与国民福利提高之间的矛盾，主要体现为社会保障体系建立和完善的困难。随着产业结构持续演进和服务化，有两个相互叠加的效应值得关注：一是人口老龄化对社会保障的需求，这种需求将会对未来投资产生压力；二是结构性减速将对收入增长施加压力，进而影响需求的增长。如果上海不具有抵消结构性减速的足够高的劳动生产率增速，那么，在这些效应的叠加下，未来增长将面临不乐观的前景。

第五节　劳动份额及劳动密集度

（一）发达国家工业劳动力份额——劳动力规模报酬递增

基于老牌工业化国家一二百年的经济统计资料，我们发现，经历了工业化起飞、工业化成熟以及向更高级阶段演化的资本主义增长过程的国家，都发生过一个持续近百年的劳动力集聚时期，这个时期的最令人瞩目的统计特征是——工业（或第二产业）的劳动力份额持续维持在 30% ~ 40%，甚至 50% 的高位。老牌工业化国家经历了资本主义国家以重化工业、高技术工业为核心的各个重要发展时期。其工业部门劳动力集聚的最大潜力根植于重化工业及高技术工业发展的沃土上。

发达国家工业高就业得以持续的根本原因，在于这些国家存在着可以支撑高劳动力份额的报酬递增机制；而发展中国家工业部门这种报酬递增机制的缺失，导致了该部门高就业难以维持。

　　这里把发达国家和发展中国家的工业化路径也分为两类，即严格遵循演化顺序的发达国家的工业化路径，以及成熟工业化环节缺失的发展中国家的工业化路径。从可持续增长角度看，发达国家产业结构演化顺序的严格遵循，使其获得了稳定的工业化增长路径，在与欠发达国家的竞争中获得了越来越持久的控制权；然而，由于成熟工业化环节缺失，发展中国家进入一个不稳定的增长路径，偏离严格演化次序的所谓"蛙跳""跳跃式"增长，实际上暗示了欠发达经济体内部的不稳定。

　　发达国家工业化的历史统计资料显示，发达国家工业劳动力集聚的令人瞩目的成果，较多地发生在工业化成熟期及之后，而在这段时期，资本主义国家经历了重化工、高加工度等工业阶段。也就是说，工业部门较高劳动力份额的持续，是内生于该部门演化过程中的现象。

　　之所以对长期增长过程中工业（或第二产业）的劳动力份额这个指标予以特别的关注，是因为与其他指标比较起来，该指标可以对发达国家和发展中国家的一些本质差异进行识别。通过广泛的历史数据对比分析，我们发现，老牌工业国家增长历程中最典型的特征，就是工业部门劳动力份额经历了一个持续百年的高水平时期，这个份额一般在30%甚至更高的水平。因此，我们把30%这个劳动力份额水平，作为观察和标定工业过程劳动力集聚状况的基准。

　　将"工业化的峰"定义为30%的水平基准线以上的凸出部分，为各国第二产业劳动力份额显著集聚的时期。1840~2008年7个发达国家第二产业劳动力份额变动趋势见图2-17、图2-18。

　　老牌资本主义国家在其工业化过程中，第二产业劳动力份额达到30%及以上的水平都经历了较长的持续期，例如，法国约100年，英国、德国、瑞士超过100年，其他国家也有70~80年的持续期。日本是一个例外，只有40年的持续时间。

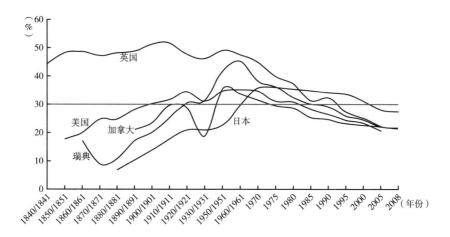

图 2 - 17 1840 ~ 2008 年 5 个发达国家第二次产业劳动力份额变动趋势

注：英国相应的年份为 1841、1851，…，1961、1970，…，2008；加拿大相应的年份为 1891、1901，…，1961、1970，…，2008；其他国家相应的年份为 1850、1860，…，2008。

资料来源：Mitchell（1998），UNDATA。

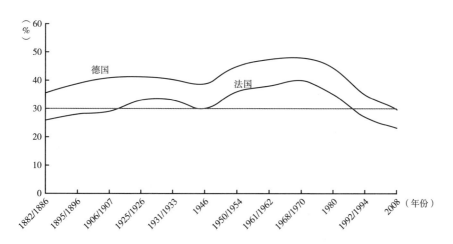

图 18 1882 ~ 2008 年法国和德国第二次产业劳动力份额变动趋势

注：法国相应的年份为：1886、1896、1906、1926、1931、1946、1954、1962、1968、1980、1994、2008；德国相应的年份为：1882、1895、1907、1925、1933、1946、1950、1961、1970、1980、1992、2008；其中，1946 ~ 1980 年为西德数据。

资料来源：Mitchell（1998），UNDATA。

　　发达国家"工业化的峰"，伴随了第一产业部门劳动力份额的巨大下降（见表 2 - 16）。典型的如德国和意大利，在"工业化的峰"开启时，农业部门存在大量劳动力（该部门劳动力份额接近 50%）。在城乡一体化的整个进程中，发达国家持续百年的工业部门高就业份额，实际上承担了不断把农业劳动力工业化和现代化的作用。同时，工业部门的扩张，也带动了服务业的发展和就业扩大。

表 2 - 16　发达国家工业化进程中劳动力集聚峰值期间的识别

	第二产业劳动力份额≥30% 的期间	第二产业劳动力份额≥30% 的持续期	第二产业劳动力份额≥30% 期间所对应第一产业劳动力份额的变化	第二产业劳动力份额最大值的发生期间	第二产业劳动力份额最大值发生期间对应的第一产业劳动力份额的变化
法　国	1906 ~ 1990 年	94 年	43% → 6%	1962 ~ 1975 年（约 40%）	20% → 10%
德　国	(1882) ~ (2008) 年 *	至少 126 年	47% → 2%	1950 ~ 1970 年（约 50%）	19% → 7%
意大利	1931 ~ (2008) 年	至少 77 年	47% → 4%	1961 ~ 1980 年（约 40%）	29% → 14%
荷　兰	1909 ~ 1980 年	71 年	31% → 5%	1950 ~ 1970 年（约 40%）	19% → 7%
瑞　典	1920 ~ 1990 年	70 年	41% → 3%	1940 ~ 1970 年（约 40%）	25% → 8%
瑞　士	(1890) ~ 1990 年	至少 100 年	42% → 3%	1900 ~ 1960 年（约 50%）	35% → 11%
英　国	(1841) ~ 1990 年	至少 150 年	22% → 2%	1851 ~ 1961 年（约 50%）	22% → 4%
加拿大	1911 ~ 1980 年	70 年	37% → 5%	1951 ~ 1961 年（约 35%）	19% → 12%
美　国	1900 ~ 1980 年	80 年	38% → 4%	1950 ~ 1970 年（约 35%）	12% → 5%
日　本	1960 ~ 2000 年	40 年	33% → 5%	1970 ~ 1985 年（约 35%）	17% → 9%

　　注：*（ ）表示该年之前或之后劳动力份额≥30% 的情形也有发生：如（1882）~（2008）年表示德国劳动力份额≥30% 在 1882 年及之前发生过并一直持续到 2008 年，但在 2008 年之后却无明显的低于 30% 的迹象。

　　资料来源：Michell（1998），UNDATA。

　　持续百年的发达国家工业部门高就业份额，发生在资本主义工业体系的重工化、重化工化以及向尖端化演进的整个时期。尤其引人注目的是，发达国家第二产业劳动力份额最大值的发生期间经历了 20 世纪 50 年代、60 年代、70 年代和 80 年代，而这些年代正是发达国家工业朝高技术挺进的时期（见表2-16）。

以第二次产业就业份额30%为基准线，我们可以把工业化划分为两种类型：一个是发达国家的工业化，其典型特征是极高的产业劳动生产率[①]和持续百年的工业部门劳动力集聚；另一个是发展中国家类型，其典型特征是相对低下的产业劳动生产率和较低的工业部门劳动力集聚潜力。10个发展中国家第二产业劳动力份额变动趋势见图2-19、图2-20、图2-21。

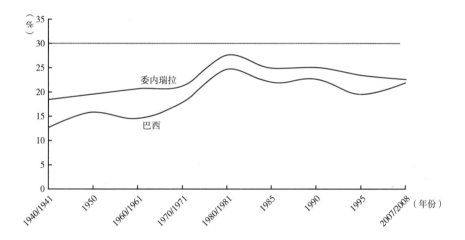

图2-19 1940～2008年巴西和委内瑞拉第二产业劳动力份额变动趋势

注：1941、1950、1961、1971、1980、1985、1990、1995、2008年为委内瑞拉数据序列；1940、1950、1960、1970、1981、1985、1990、1995、2007年为巴西数据序列。

资料来源：Mitchell（1998），UNDATA。

（二）发达国家第二产业劳动密集度

第二产业劳动密集度的定义为第二产业劳动力份额与第二产业增加值份额的比。

---

① 袁富华：《长期增长过程的"结构性加速"与"结构性减速"：一种解释》，《经济研究》2012年第3期。

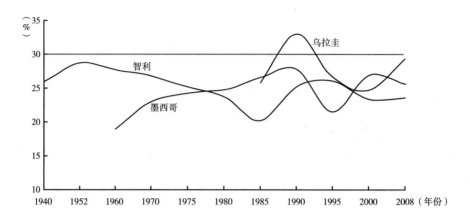

图 2 - 20　1940～2008 年智利、墨西哥和乌拉圭第二产业劳动力份额变动趋势

资料来源：Mitchell（1998），UNDATA。

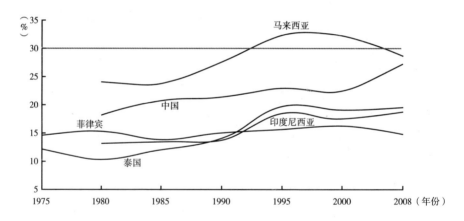

图 2 - 21　1975～2008 年亚洲 5 国第二产业劳动力份额变动趋势

资料来源：Mitchell（1998），UNDATA.

图 2 - 22 和图 2 - 23 分别显示了 1840～2008 年 8 个老牌工业化发达国家的第二产业劳动密集度，以及 1940～2008 年 9 个发展中国家第二产业劳动密集度。

（1）发达国家第二产业劳动密集度普遍位于 ［0.9，1.5］ 区间；发展中国家第二产业劳动密集度普遍位于 ［0.4，0.7］ 区间。

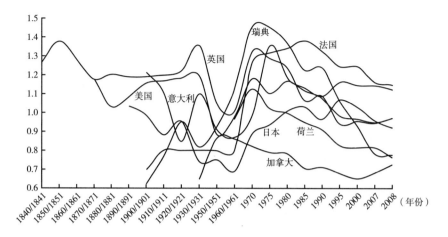

图 2 - 22　1840～2008 年发达国家第二产业劳动密集度

注：法国缺失数据，作者根据趋势补足。

资料来源：Mitchell（1998），UNDATA。

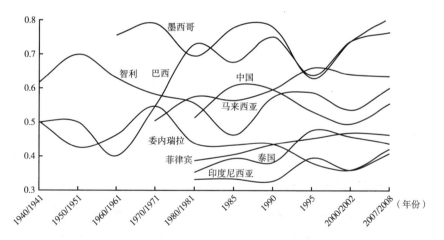

图 2 - 23　1940～2008 年发展中国家第二产业劳动密集度

资料来源：Mitchell（1998），UNDATA。

（2）无论是从历史上还是从现阶段来看，发达国家第二产业确实拥有比发展中国家更高的劳动密集度。

（3）发达国家第二产业劳动密集度最高的时期，与"工业化的峰"所经历的时期，基本吻合。

迫于人口和就业的巨大压力，中国工业化政策由 20 世纪 70 年代的（进口替代的）重工业化走到了另一个极端：劳动力要素禀赋利用的工业化。其实，我们认为，不论是进口替代的片面重工业策略，还是出口导向的劳动力比较优势策略，其根本弊端就是单一工业体系的追求。这种追求从一开始就违背了工业体系良性发展的动态、多样化需要。

就拿中国现在的工业体系来说，我们原来为实现就业而追求的工业化模式，实际上并没有达到预期目的。而且，随着工业本身重化趋势的内在演进，工业部门排斥就业的现象也开始显现。单一工业化体系——对于中国来说就是片面的劳动力比较优势工业的发展——缺乏持续演进动力的"病症"，实际上在中国也开始显现，更不用说什么持续的报酬递增及工业持续发展了。

最近的一项研究[①]指出了中国现阶段经济增长的这样一种问题：城市化和土地要素价格重估，导致了中国经济增长创新激励的缺失。当然，我们更加乐意反过来看待这个问题，长期以来中国片面追求劳动力资源禀赋的工业化模式，导致了两个危险的逆向淘汰。①淘汰工业体系的多样性。无论是用发达国家的工业增长历史跟中国比，还是用发达国家的工业现状跟中国比，可以说，中国的工业体系都很少能见到那种令人瞩目的就业潜力。对劳动密集工业发展的片面追求，导致了报酬递增工业体系发展机会的丧失。②淘汰创新。片面强调劳动力资源禀赋的工业化模式，增加了创新的风险和成本。这两个淘汰结合在一起，割断了中国工业规模报酬递增的机会和应有的潜力开发。

上海市第二产业就业和增加值在总体经济中所占比重符合发达国家"一、二、三"结构转换的特征。2005～2010 年上海市第二产业劳动密集

---

① 中国经济增长与宏观稳定课题组：《资本化扩张与赶超型经济的技术进步》，《经济研究》2010 年第 5 期。

度平均为 0.915，刚刚进入发达国家所处的 ［0.9，1.5］区间，上海市仍需要进一步提高第二产业的劳动密集度。中国发达城市第二、第三产业劳动密集度分别见表 2－17、表 2－18。

表 2－17　中国发达城市第二产业劳动密集度

年份	2005	2006	2007	2008	2009	2010	平均
北京	1.009	0.986	0.978	0.950	0.997	0.971	0.982
天津	0.910	0.895	0.874	0.790	0.906	0.919	0.881
上海	0.794	0.847	0.942	0.936	1.034	0.967	0.915
广州	1.105	1.101	1.162	1.153	1.206	1.180	1.150
深圳	1.012	1.055	1.070	1.066	1.156	1.161	1.084

表 2－18　中国发达城市第三产业劳动密集度

年份	2005	2006	2007	2008	2009	2010	平均
北京	1.005	1.013	1.014	1.023	1.005	1.018	1.013
天津	1.154	1.183	1.208	1.361	1.128	1.119	1.188
上海	1.205	1.153	1.058	1.062	0.984	1.034	1.079
广州	0.959	0.959	0.920	0.928	0.903	0.950	0.936
深圳	0.982	0.937	0.927	0.933	0.862	0.855	0.914

（三）发展中国家产业结构演进趋势

把 13 个发展中国家 1975～2005 年第二、第三产业就业比重演进趋势组织在表 2－19 之中，由此将其大致分为两组，一组是产业结构服务化较快的拉美国家；另一组是产业结构服务化稍慢的其他国家。具体说明如下。

1. 拉美趋势

一个为人们所广泛关注的现象是，自 20 世纪 70 年代以来，拉美国家产业结构的服务化倾向比较显著。例如，智利、哥伦比亚、厄瓜多尔、乌拉圭、委内瑞拉等国，第三产业就业比重在 20 世纪 70 年代中期就处于较

表 2 - 19 发展中国家产业就业结构状况

单位：%

	1975 年		1985 年		1990 年		1995 年		1999 年		2005 年	
	第二产业	第三产业	第二产业	第三产业	第二产业	第三产业	第二产业	第三产业	第二产业	第三产业	第二产业	第三产业
巴　西	—	—	22	49	23	54	20	54	19	57	21	58
智　利	25	53	20	60	25	55	26	58	23	62	23	64
哥伦比亚	32	67	29	69	31	68	31	67	24	75	—	—
厄瓜多尔	—	—	—	—	27	66	22	72	23	69	21	70
墨西哥	24	35	—	—	28	50	21	55	25	54	26	59
乌拉圭	—	—	—	—	33	62	27	69	25	71	29	66
委内瑞拉	25	55	25	59	25	61	24	63	23	67	21	70
中　国	—	—	21	17	21	19	23	25	23	27	24	31
印度尼西亚	9	25	13	32	14	30	18	38	17	37	19	37
马来西亚	—	—	24	46	28	46	32	48	32	50	30	56
菲律宾	15	31	14	37	15	40	16	40	16	45	16	48
泰　国	12	21	12	20	14	22	20	28	18	33	20	37
埃　及	18	33	20	39	21	40	22	44	23	49	21	48

高水平，30 年来也一直在高水平上演化。相对于这些国家而言，20 世纪 80 年代以前，巴西、墨西哥的第三产业比重虽然较低，但是其后却经历了较快的上升，均达到 60% 左右的水平。总体来说，现阶段拉美国家的第三产业比重，已经接近或达到发达国家的水平了。

2. 其他国家趋势

相对于拉美国家，其他发展中国家的产业结构没有表现出过快的演化趋势。例如，亚洲地区的中国、印度尼西亚、泰国、菲律宾及非洲地区的埃及，它们在 20 世纪 80 年代中期服务业就业比重普遍低于 40%，现阶段也普遍低于 50%。

发展中国家的就业结构，没有出现库兹涅茨规律所揭示的自然演化顺序，即没有出现过类似于发达国家的长期的劳动力大规模集聚在工业部门的现象。20 世纪 70 年代以来，发达国家第二、第三产业之间此起彼伏的演化，是在第二产业就业比重较高（40%以上）的基础上展开的，或者说，发达国家经历了充分工业化的城市化。但是，无论在服务业比重较高的发展中国家，还是在服务业比重较低的发展中国家，类似于发达国家历史上劳动力大规模的工业集聚现象都比较少见。正是由于这种结构服务化是在较低的发展水平上实现的，发展中国家产业演进中累积的问题较多，其对经济可持续增长的影响也比较大。

第六节　上海市与发达国家其他经济指标的比较

（一）人均 GDP 增长

2005～2010 年上海市人均 GDP 增长 7.38%，远高于发达国家美国（0.40%）、英国（0.31%）、德国（1.61%）、日本（1.02%），也高于"亚洲四小龙"中的韩国（3.75%）、新加坡（3.65%）；高于北京市（7.13%），但低于天津市（10.91%）、广州市（9.89%）、深圳市（9.30%），见表 2 - 20。

表 2 - 20　2005～2010 年发达国家和中国发达城市人均 GDP 增长率

单位：%

年份	2005	2006	2007	2008	2009	2010	平均
美　国	2.12	1.70	0.93	- 0.94	- 4.33	2.32	0.40
英　国	1.57	2.16	2.03	- 0.73	- 5.50	0.67	0.31
德　国	0.74	3.82	3.41	1.28	- 4.89	3.94	1.61
日　本	1.92	2.05	2.35	- 1.11	- 6.18	4.09	1.02
韩　国	3.74	4.83	4.76	1.98	0.03	5.88	3.75
新加坡	4.89	5.35	4.34	- 3.77	- 3.72	12.46	3.65
北京市	7.69	8.56	10.00	4.81	5.87	5.96	7.13
天津市	12.77	11.29	11.36	10.46	11.55	10.97	10.91
上海市	8.14	8.46	9.65	5.75	4.79	5.87	7.38
广州市	9.39	11.34	11.66	8.98	8.15	9.69	9.89
深圳市	10.46	11.89	10.23	7.62	6.22	7.67	9.30

（二）地方税收占 GDP 的比重

2005～2010 年上海市地方税收占 GDP 的比重为 16.44%，高于发达国家美国（10.42%）、德国（11.66%）、日本（7.85%），也高于"亚洲四小龙"中的韩国（15.65%）、新加坡（12.95%），但低于英国（27.49%）；高于北京市（15.83%）、天津市（10.85%）、广州市（7.64%）、深圳市（9.87%），见表 2 - 21。

表 2 - 21　2005～2010 年发达国家和中国发达城市地方税收占 GDP 的比重

单位：%

年份	2005	2006	2007	2008	2009	2010	平均
美　国	11.20	11.89	11.89	10.32	8.28	8.96	10.42
英　国	27.25	27.96	27.66	28.61	25.97	—	27.49
德　国	11.14	11.35	11.81	11.86	12.16	—	11.66
日　本	0.00	10.92	10.42	9.23	8.70	—	7.85
韩　国	14.73	15.19	16.56	16.30	15.45	—	15.65
新加坡	11.80	12.10	13.08	14.06	13.72	—	12.95
北京市	13.44	14.30	16.05	17.64	16.77	16.77	15.83
天津市	9.41	10.04	11.20	11.11	11.36	12.00	10.85
上海市	15.45	15.22	17.04	17.23	16.92	16.77	16.44
广州市	7.37	7.17	7.52	7.72	7.80	8.30	7.64
深圳市	8.33	8.62	9.68	10.25	10.74	11.58	9.87

（三）资本形成占 GDP 的比重

2005～2010 年上海市资本形成占 GDP 的比重为 45.99%，远高于发达国家美国（17.59%）、英国（16.34%）、德国（17.99%）、日本（22.50%），也高于"亚洲四小龙"中的韩国（29.23%）、新加坡（23.75%）；高于广州市（36.74%）、深圳市（30.06%），但低于北京市（47.85%）、天津市（67.01%），见表 2 - 22。

表 2－22　2005～2010 年发达国家和中国发达城市资本形成占 GDP 的比重

单位：%

年份	2005	2006	2007	2008	2009	2010	平均
美　国	19.89	20.12	19.13	17.44	13.92	15.05	17.59
英　国	17.05	17.52	18.20	16.69	13.52	15.03	16.34
德　国	17.27	18.13	19.26	19.38	16.54	17.34	17.99
日　本	23.57	23.79	23.69	23.55	20.20	20.22	22.50
韩　国	29.69	29.62	29.43	31.21	26.28	29.15	29.23
新加坡	19.97	21.03	21.07	30.20	26.36	23.83	23.75
北京市	52.93	51.32	48.85	46.24	43.90	43.85	47.85
天津市	57.44	57.92	60.93	67.79	77.67	80.34	67.01
上海市	46.58	47.51	47.40	45.31	45.48	43.65	45.99
广州市	36.49	37.38	35.38	36.07	36.88	38.23	36.74
深圳市	33.18	31.20	28.39	26.21	31.02	30.32	30.06

（四）第二产业占 GDP 的比重

2005～2010 年上海市第二产业占 GDP 的比重为 45.14%，远高于发达国家美国（21.34%）、英国（22.60%）、德国（29.10%）、日本（28.98%），也高于"亚洲四小龙"中的韩国（37.42%）、新加坡（29.18%）；高于北京市（26.04%）、广州市（37.22%），但低于天津市（56.28%）、深圳市（49.74%），见表 2－23。

表 2－23　2005～2010 年发达国家和中国发达城市第二产业占 GDP 的比重

单位：%

年份	2005	2006	2007	2008	2009	2010	平均
美　国	22.14	22.22	21.92	21.33	20.03	20.40	21.34
英　国	23.47	23.49	23.02	22.61	21.20	21.80	22.60
德　国	29.40	30.03	30.48	29.75	26.76	28.17	29.10
日　本	30.45	30.01	29.44	28.34	26.68	—	28.98
韩　国	37.70	37.16	37.12	36.48	36.78	39.27	37.42
新加坡	31.60	31.29	28.94	26.67	28.33	28.27	29.18

年份	2005	2006	2007	2008	2009	2010	平均
北京市	29.3	27.69	26.68	25.53	23.27	23.77	26.04
天津市	56.09	57.36	57.66	60.49	53.58	52.47	56.28
上海市	48.67	48.52	46.56	45.48	39.71	41.89	45.14
广州市	38.56	38.82	37.97	37.16	35.34	35.44	37.22
深圳市	53.19	52.46	50.06	48.88	46.66	47.21	49.74

（五）第三产业占 GDP 的比重

2005～2010 年上海市第三产业占 GDP 的比重为 54.14%，远低于发达国家美国（77.53%）、英国（76.69%）、德国（70.02%），低于日本（57.97%），也低于"亚洲四小龙"中的韩国（59.68%）、新加坡（70.77%）；低于北京市（72.98%）、广州市（60.82%），但高于天津市（42.21%）、深圳市（50.15%），见表 2 - 24。

表 2 - 24　2005～2010 年发达国家和中国发达城市第三产业占 GDP 的比重

单位：%

年份	2005	2006	2007	2008	2009	2010	平均
美　国	76.65	76.74	76.95	77.45	78.94	78.45	77.53
英　国	75.85	75.85	76.29	76.61	78.08	77.47	76.69
德　国	69.73	69.12	68.56	69.35	72.42	70.96	70.02
日　本	68.02	68.52	69.14	70.22	71.91	0.00	57.97
韩　国	58.96	59.67	60.00	60.84	60.45	58.17	59.68
新加坡	68.34	68.66	71.02	73.29	71.62	71.70	70.77
北京市	69.52	71.29	72.43	73.60	75.94	75.10	72.98
天津市	42.11	40.86	40.81	38.15	45.34	46.00	42.21
上海市	50.62	50.73	52.73	53.82	59.64	57.30	54.14
广州市	59.54	59.37	60.45	61.32	63.25	61.01	60.82
深圳市	46.61	47.42	49.84	51.04	53.25	52.72	50.15

（六）第二产业就业比重

2005～2010年上海市第二产业就业比重为41.29%，远高于发达国家美国（20.48%）、英国（21.44%）、德国（29.40%）、日本（27.78%），也高于"亚洲四小龙"中的韩国（25.90%）、新加坡（22.12%）；高于北京市（25.58%），但低于广州市（42.79%）、天津市（49.57%）、深圳市（53.93%），见表2-25。

表 2 – 25　2005～2010 年发达国家和中国发达城市第二产业就业比重

单位：%

年份	2005	2006	2007	2008	2009	2010	平均
美　国	20.60	20.80	20.60	19.90	—	—	20.48
英　国	22.20	22.00	22.30	21.20	19.50	—	21.44
德　国	29.70	29.60	29.80	29.20	28.70	—	29.40
日　本	27.90	28.00	27.90	27.30	—	—	27.78
韩　国	26.80	26.30	25.50	25.00	—	—	25.90
新加坡	21.70	22.10	22.50	22.50	21.80	—	22.12
北京市	29.57	27.29	26.08	24.25	23.20	23.09	25.58
天津市	51.04	51.35	50.41	47.79	48.56	48.24	49.57
上海市	38.63	41.12	43.84	42.58	41.06	40.50	41.29
广州市	42.60	42.74	44.11	42.83	42.62	41.82	42.79
深圳市	53.83	55.35	53.55	52.13	53.92	54.82	53.93

（七）第三产业就业比重

2005～2010年上海市第三产业就业比重为58.40%，远低于发达国家美国（78.03%）、英国（76.82%）、德国（68.44%）、日本（66.75%），也低于"亚洲四小龙"中的韩国（66.40%）、新加坡（76.74%）；低于北京市（73.94%），但高于天津市（50.13%）、广州市（56.93%）、深圳市（45.83%），见表2-26。

表 2-26 2005～2010 年发达国家和中国发达城市第三产业就业比重

单位：%

年份	2005	2006	2007	2008	2009	2010	平均
美 国	77.80	77.70	78.00	78.60	—	—	78.03
英 国	76.20	76.40	76.00	76.90	78.60	—	76.82
德 国	67.80	68.10	67.90	68.90	69.50	—	68.44
日 本	66.40	66.60	66.70	67.30	—	—	66.75
韩 国	65.10	65.90	66.80	67.80	—	—	66.40
新加坡	77.30	76.70	76.40	76.20	77.10	—	76.74
北京市	69.9	72.21	73.44	75.32	76.3	76.45	73.94
天津市	48.61	48.35	49.28	51.92	51.14	51.46	50.13
上海市	61.01	58.51	55.81	57.17	58.66	59.22	58.40
广州市	57.07	56.93	55.6	56.88	57.13	57.98	56.93
深圳市	45.75	44.41	46.22	47.64	45.9	45.07	45.83

（八）消费贡献率

2005～2010 年上海市消费贡献率为 50.83%，远低于发达国家美国（87.06%）、英国（86.62%）、德国（76.26%），日本（76.51%），也低于"亚洲四小龙"中的韩国（68.95%），但略高于新加坡（48.91%）；略低于北京市（52.87%），但高于广州市（43.69%）、天津市（38.65%）、深圳市（39.28%），见表 2-27。

表 2-27 2005～2010 年发达国家和中国发达城市消费贡献率

单位：%

年份	2005	2006	2007	2008	2009	2010	平均
美 国	85.85	85.65	85.97	87.52	88.87	88.49	87.06
英 国	86.36	85.61	84.86	85.92	88.61	88.36	86.62
德 国	77.52	76.24	73.74	74.39	78.47	77.19	76.26
日 本	75.05	74.96	74.63	76.30	79.50	78.63	76.51
韩 国	67.61	68.99	69.06	69.97	70.02	68.06	68.95
新加坡	50.62	49.16	46.66	48.86	50.02	48.11	48.91

续表

年份	2005	2006	2007	2008	2009	2010	平均
北京市	50.02	50.82	51.43	53.33	55.57	56.03	52.87
天津市	38.60	39.60	39.50	37.70	38.20	38.30	38.65
上海市	48.40	49.00	49.40	51.00	52.30	54.90	50.83
广州市	43.80	43.10	42.54	44.59	40.62	47.50	43.69
深圳市	39.20	39.00	38.61	38.69	38.69	41.49	39.28

（九）R&D 经费占 GDP 的比重

2005~2010 年上海市 R&D 经费占 GDP 的比重为 2.63%，低于发达国家美国（2.70%）、日本（3.39%），高于英国（1.80%）、德国（2.52%），低于"亚洲四小龙"中的韩国（3.00%），高于新加坡（2.35%）；低于北京市（5.74%）、深圳市（3.39%），但高于天津市（0.46%）、广州市（0.61%），见表 2-28。

表 2-28　2005~2010 年发达国家和中国发达城市 R&D 经费占 GDP 的比重

单位：%

年份	2005	2006	2007	2008	2009	2010	平均
美　国	2.61	2.65	2.72	2.82	—	—	2.70
英　国	1.73	1.76	1.82	1.88	—	—	1.80
德　国	2.48	2.53	2.54	—	—	—	2.52
日　本	3.32	3.40	3.44	—	—	—	3.39
韩　国	2.79	3.01	3.21	—	—	—	3.00
新加坡	2.28	2.27	2.52	—	—	—	2.35
北京市	5.61	5.60	5.72	6.01	5.58	5.91	5.74
天津市	0.44	0.43	0.46	0.50	0.45	0.47	0.46
上海市	2.36	2.52	2.55	2.67	2.85	2.83	2.63
广州市	0.70	0.67	0.67	0.61	0.69	0.29	0.61
深圳市	3.24	3.21	3.31	3.39	3.60	3.59	3.39

注：北京有很多中央研究机构，但未将其 R&D 经费计入北京市。

（十）每百万劳动力中研发人员数

2005～2010年上海市每百万劳动力中研发人员数为2.84人，远低于发达国家美国（4623.83人）、日本（5557.52人）、英国（4192.14人）、德国（3410.28人），也远低于"亚洲四小龙"中的韩国（4198.08人）、新加坡（5799.72人）；低于北京市（4.01人），但高于天津市（0.24人）、广州市（0.16人）、深圳市（2.77人），见表2-29。

表2-29　2005～2010年发达国家和中国发达城市每百万劳动力中研发人员数

单位：人

年份	2005	2006	2007	2008	2009	2010	平均
美　国	4584.39	4663.28	—	—	—	—	4623.83
英　国	4125.40	4193.33	4180.67	4269.18	—	—	4192.14
德　国	3302.42	3396.20	3532.23	—	—	—	3410.28
日　本	5531.24	5568.35	5572.97	—	—	—	5557.52
韩　国	3780.23	4186.86	4627.16	—	—	—	4198.08
新加坡	5575.23	5736.04	6087.88	—	—	—	5799.72
北京市	4.16	3.77	4.05	3.83	4.22	4.02	4.01
天津市	0.24	0.25	0.25	0.23	0.24	0.23	0.24
上海市	2.30	2.32	2.60	2.58	3.65	3.61	2.84
广州市	0.19	0.18	0.18	0.16	0.14	0.13	0.16
深圳市	2.61	2.34	2.67	2.63	3.22	3.14	2.77

（十一）人类发展指数（HDI）

2005～2010年上海市人类发展指数（HDI）平均为0.867，在国内是最高的，高于北京市（0.856）、天津市（0.831）、广州市（0.837）、深圳市（0.847）；但低于发达国家美国（0.905）、日本（0.893）、德国（0.899），高于英国（0.859），低于韩国（0.883），高于新加坡（0.852），见表2-30。

表 2–30 **2005～2010 年发达国家和中国发达城市人类发展指数**

年份	2005	2006	2007	2008	2009	2010	平均
美 国	0.902	—	—	—	0.906	0.908	0.905
英 国	0.855	—	—	—	0.860	0.862	0.859
德 国	0.895	—	—	—	0.900	0.903	0.899
日 本	0.886	—	—	—	0.895	0.899	0.893
韩 国	0.866	—	—	—	0.889	0.894	0.883
新加坡	0.835	—	—	—	0.856	0.864	0.852
北京市	0.822	0.835	0.852	0.865	0.877	0.883	0.856
天津市	0.795	0.809	0.821	0.842	0.854	0.866	0.831
上海市	0.838	0.848	0.863	0.876	0.883	0.893	0.867
广州市	0.808	0.820	0.834	0.848	0.856	0.855	0.837
深圳市	0.819	0.831	0.845	0.859	0.863	0.866	0.847

注：2010 年人类发展指数使用了新的计算方法。受数据可得性限制，中国发达城市 2010 年 HDI 仍按 2009 年以前的计算方法计算。

|第|三|章|

上海市与国内发达城市转型升级比较

为了研究上海市转型升级问题，并将其与国内发达城市进行比较，本书在国内外现代化指标的基础上，结合中国发达城市实际，将中国发达城市转型升级分为 5 个一级指标，并选取了 28 个具体指标，利用 2005 ~ 2010 年的数据，采用层次分析法对上海转型升级进行研究。国内外现代化指标综述和层次分析法及权重具体结果见第五章附录。

第一节　转型升级指标设计

将转型升级指标分为两级，其中一级指标包括效率、结构、潜力、生活和稳定。一级指标共包含 28 个具体指标（见表 3 - 1）。

表 3 - 1　转型升级指标设计

层次	指标
效率	TFP 贡献率
	GDP2 劳动生产率
	GDP3 劳动生产率
	资本产出率
	土地产出率
	地方税收增长

续表

层次	指标
结构	第三产业就业比重 第三产业占 GDP 比重 消费对经济增长贡献 贸易依存度 万元 GDP 能耗
潜力	R&D 每万劳动力中研发人员数 专利授权量 劳动力受教育程度 建成区与规划区比重 资本形成/GDP
生活	环境指数 基础设施指数 公共服务覆盖率 人均收入增长 人类发展指数（HDI） 房价收入比 家庭财富增长
稳定	基尼系数 增长波动率 通货膨胀率 政府收入稳定

注：其中环境指数包括人均公共绿地、空气质量、城市噪音。

基础设施指数包括万人拥有医生、万人床位数、万人医院数、人均液化石油气家庭用量、万人影剧院数、万人实有出租车数、每公共汽电车客运总数、万人公共汽电车数量、人均铺装道路面积、人均供水量。

公共服务覆盖率包括基本养老保险覆盖率、基本医疗保险覆盖率、失业保险率覆盖率。

HDI 包括预期寿命指数、教育指数、人均 GDP 指数。

第二节　国内发达城市转型升级情况

（一）发达城市转型升级排名

上海市转型升级综合排名情况为，除 2006 年排名第二外，在 2005～2010 年的其他年份均排名第一，2006 年北京市排名第一（见表 3 - 2）。

表 3 - 2　2005 ~ 2010 年发达城市转型升级排名

年份	2005	2006	2007	2008	2009	2010	2005 年后平均
北京市	2	1	2	2	2	2	2
天津市	4	5	5	5	5	5	5
上海市	1	2	1	1	1	1	1
广州市	3	4	4	3	3	4	3
深圳市	5	3	3	4	4	3	4

（二）发达城市转型升级指数

分别以上一年和 2005 年为基期，计算 2005 ~ 2010 年国内发达城市转型升级指数见表 3 - 3、表 3 - 4。

表 3 - 3　2005 ~ 2010 年发达城市转型升级指数（以上一年为基期）

年　份	2005	2006	2007	2008	2009	2010	平均
北京市	100.00	99.74	99.09	99.44	94.80	103.79	99.37
天津市	100.00	101.18	99.05	92.14	101.19	104.18	99.55
上海市	100.00	94.73	106.11	97.64	109.20	102.72	102.08
广州市	100.00	97.09	96.54	107.91	96.58	92.68	98.16
深圳市	100.00	108.82	98.84	102.97	98.08	96.55	101.05

表 3 - 4　2005 ~ 2010 年发达城市转型升级指数（以 2005 年为基期）

年　份	2005	2006	2007	2008	2009	2010
北京市	100.00	99.74	98.84	98.29	93.18	96.71
天津市	100.00	101.18	100.22	92.35	93.45	97.36
上海市	100.00	94.73	100.51	98.14	107.16	110.08
广州市	100.00	97.09	93.73	101.14	97.68	90.53
深圳市	100.00	108.82	107.56	110.75	108.62	104.87

2010 年，国内发达城市中仅有两个城市以 2005 年为基期的转型升级指数超过 100，其中，上海市为 110.08，深圳市为 104.87。

（三）发达城市转型升级综合得分

2005～2010年国内发达城市转型升级综合得分分别见图3-1至图3-7。

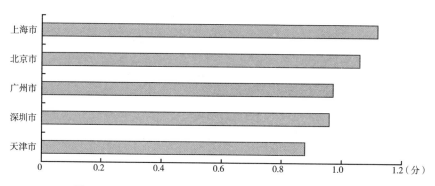

图3-1　2005～2010年发达城市转型升级平均综合得分

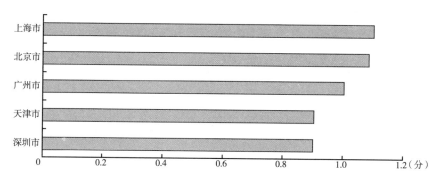

图3-2　发达城市2005年转型升级综合得分

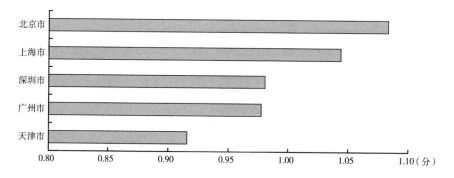

图3-3　发达城市2006年转型升级综合得分

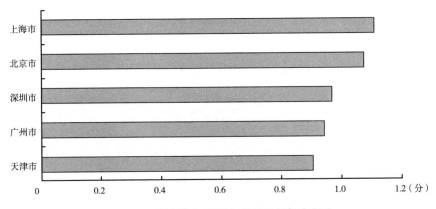

图 3 - 4　发达城市 2007 年转型升级综合得分

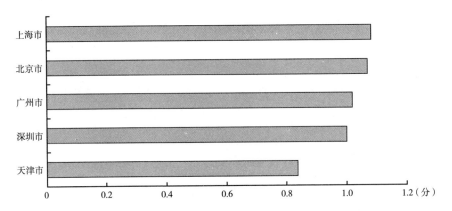

图 3 - 5　发达城市 2008 年转型升级综合得分

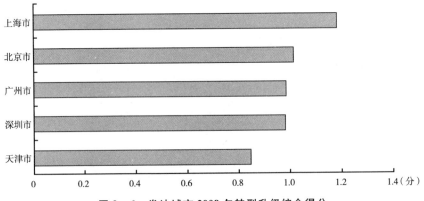

图 3 - 6　发达城市 2009 年转型升级综合得分

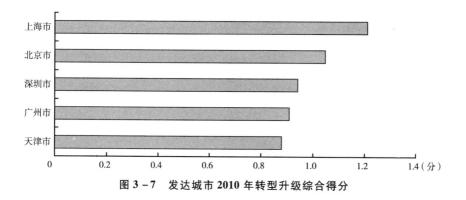

图 3 - 7　发达城市 2010 年转型升级综合得分

（四）发达城市以 2005 年为基期的转型升级指数图

国内发达城市以 2005 年为基期的转型升级指数图见图 3 - 8 至 3 - 12。

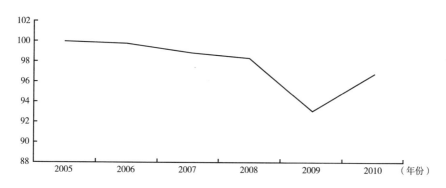

图 3 - 8　北京市转型升级指数（以 2005 年为基期）

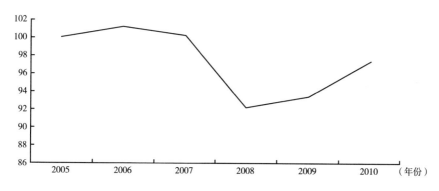

图 3 - 9　天津市转型升级指数（以 2005 年为基期）

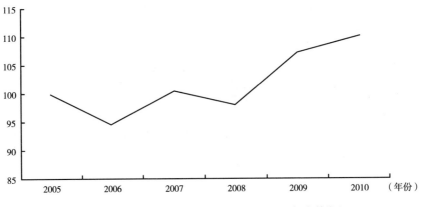

图 3 - 10　上海市转型升级指数（以 **2005** 年为基期）

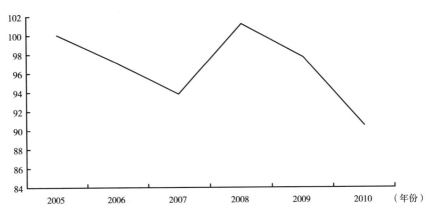

图 3 - 11　广州市转型升级指数（以 **2005** 年为基期）

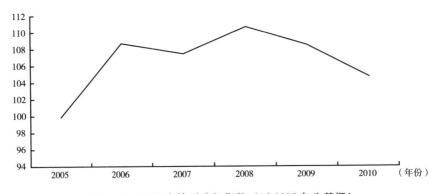

图 3 - 12　深圳市转型升级指数（以 **2005** 年为基期）

第三节　国内发达城市转型升级一级指标情况

发达城市转型升级一级指标效率、结构、潜力、生活、稳定测算及排名状况。

（一）发达城市效率情况

1. 发达城市效率排名

上海市效率综合排名情况为，除 2005 年、2009 年排名第二外，在其他年份均排名第一。2005 年、2009 年效率综合排名第一的是广州市。北京市效率综合排名第五（见表 3 -5）。

表 3 -5　2005 ~ 2010 年间发达城市效率排名

年份	2005	2006	2007	2008	2009	2010	2005 年后平均
北京市	5	5	5	5	5	5	5
天津市	3	3	3	4	4	4	4
上海市	2	1	1	1	2	1	1
广州市	1	2	4	3	1	3	2
深圳市	4	4	2	2	3	2	3

2. 发达城市效率指数

分别以上一年和 2005 年为基期，计算 2005 ~ 2010 年国内发达城市效率指数见表 3 -6、表 3 -7。

2010 年，国内发达城市中仅有两个城市以 2005 年为基期的效率指数超过 100，其中，上海市为 115.19，深圳市为 135.51。

3. 发达城市效率综合得分

2005 ~ 2010 年国内发达城市效率综合得分见图 3 -13 至图 3 -19。

表 3 – 6　2005～2010 年发达城市效率指数（以上一年为基期）

年　份	2005	2006	2007	2008	2009	2010	平均
北京市	100.00	83.48	102.05	101.00	87.58	100.30	94.88
天津市	100.00	95.96	98.44	86.19	107.13	99.64	97.47
上海市	100.00	103.33	104.60	101.74	92.52	113.22	103.08
广州市	100.00	94.57	88.07	103.79	121.67	84.34	98.49
深圳市	100.00	124.07	108.08	106.89	90.81	104.12	106.79

表 3 – 7　2005～2010 年发达城市效率指数（以 2005 年为基期）

年　份	2005	2006	2007	2008	2009	2010
北京市	100.00	83.48	85.19	86.04	75.36	75.59
天津市	100.00	95.96	94.47	81.42	87.23	86.91
上海市	100.00	103.33	108.08	109.96	101.74	115.19
广州市	100.00	94.57	83.29	86.45	105.18	88.71
深圳市	100.00	124.07	134.09	143.32	130.15	135.51

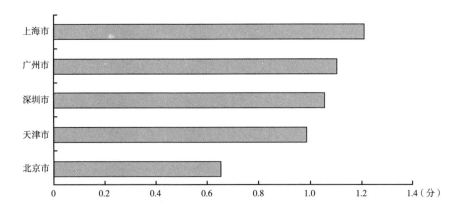

图 3 – 13　2005～2010 年发达城市效率平均综合得分

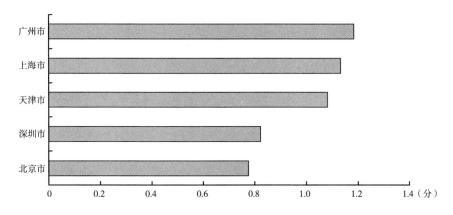

图 3-14 发达城市 2005 年效率综合得分

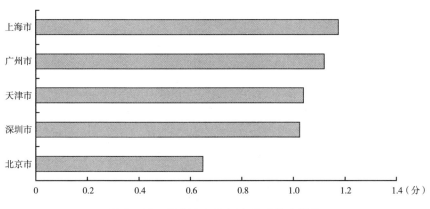

图 3-15 发达城市 2006 年效率综合得分

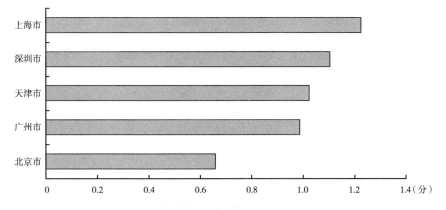

图 3-16 发达城市 2007 年效率综合得分

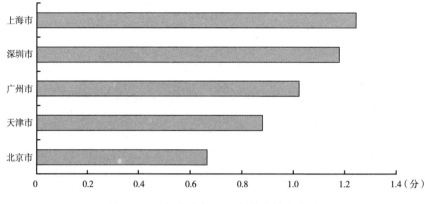

图 3 - 17　发达城市 2008 年效率综合得分

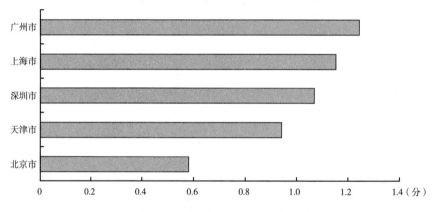

图 3 - 18　发达城市 2009 年效率综合得分

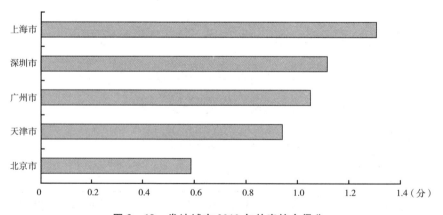

图 3 - 19　发达城市 2010 年效率综合得分

4. 发达城市以 2005 年为基期的效率指数图

国内发达城市以 2005 年为基期的效率指数图见图 3 – 20 至图 3 – 24。

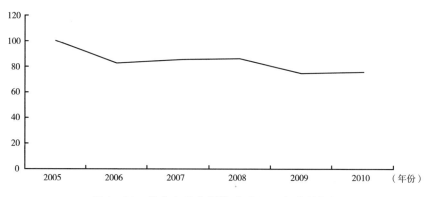

图 3 – 20　北京市效率指数（以 2005 年为基期）

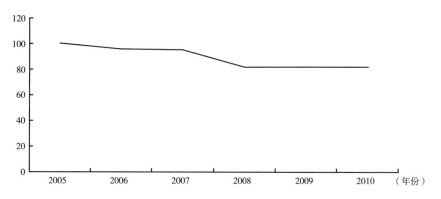

图 3 – 21　天津市效率指数（以 2005 年为基期）

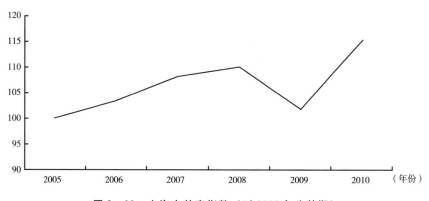

图 3 – 22　上海市效率指数（以 2005 年为基期）

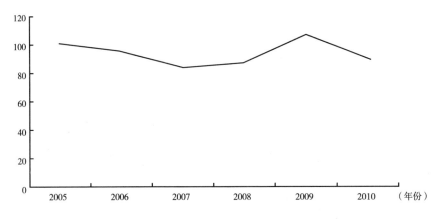

图 3 – 23 广州市效率指数（以 2005 年为基期）

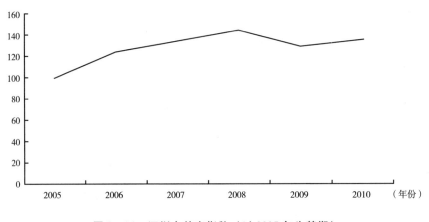

图 3 – 24 深圳市效率指数（以 2005 年为基期）

（二）发达城市结构情况

1. 发达城市结构排名

上海市结构综合排名情况为，2005～2007 年排名第三，2008～2010 年排名第二。2005～2010 年北京市结构综合排名第一（见表 3 – 8）。

表 3 - 8　2005~2010 年发达城市结构排名

年份	2005	2006	2007	2008	2009	2010	2005 年后平均
北京市	1	1	1	1	1	1	1
天津市	5	5	5	5	5	5	5
上海市	3	3	3	2	2	2	2
广州市	2	2	2	3	3	3	3
深圳市	4	4	4	4	4	4	4

2. 发达城市结构指数

分别以上一年和 2005 年为基期，计算 2005~2010 年国内发达城市结构指数见表 3 - 9、表 3 - 10。

表 3 - 9　2005~2010 年发达城市结构指数（以上一年为基期）

年份	2005	2006	2007	2008	2009	2010	平均
北京市	100.00	102.57	100.89	102.68	98.96	100.41	101.10
天津市	100.00	99.18	99.59	97.31	100.50	99.79	99.27
上海市	100.00	98.79	99.33	100.54	102.08	100.54	100.26
广州市	100.00	99.18	98.41	99.90	98.40	102.11	99.60
深圳市	100.00	99.79	101.64	98.50	100.41	96.92	99.45

表 3 - 10　2005~2010 年发达城市结构指数（以 2005 年为基期）

年份	2005	2006	2007	2008	2009	2010
北京市	100.00	102.57	103.49	106.27	105.16	105.59
天津市	100.00	99.18	98.77	96.12	96.60	96.39
上海市	100.00	98.79	98.13	98.66	100.71	101.26
广州市	100.00	99.18	97.61	97.51	95.95	97.97
深圳市	100.00	99.79	101.42	99.89	100.31	97.22

2010 年国内发达城市中仅有两个城市以 2005 年为基期的结构指数超过 100，其中，上海市为 101.26，北京市为 105.59。

3. 发达城市结构综合得分

2005～2010 年国内发达城市结构综合得分见图 3 – 25 至图 3 – 31。

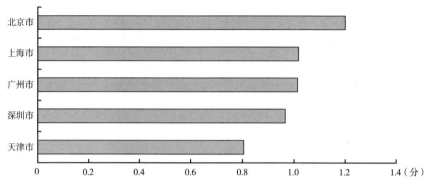

图 3 – 25 2005～2010 年发达城市结构平均综合得分

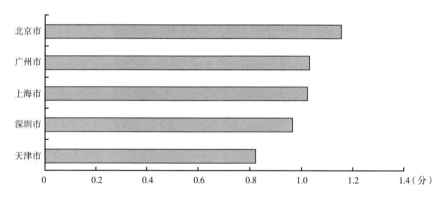

图 3 – 26 发达城市 2005 年结构综合得分

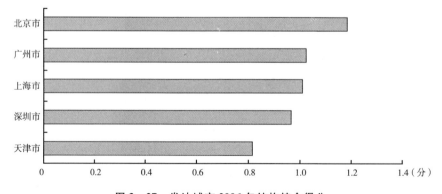

图 3 – 27 发达城市 2006 年结构综合得分

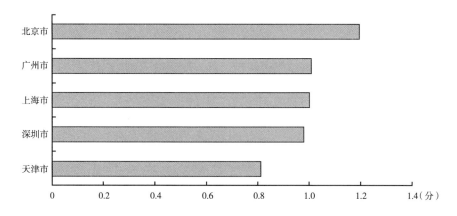

图 3 - 28　发达城市 2007 年结构综合得分

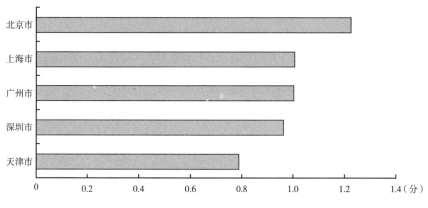

图 3 - 29　发达城市 2008 年结构综合得分

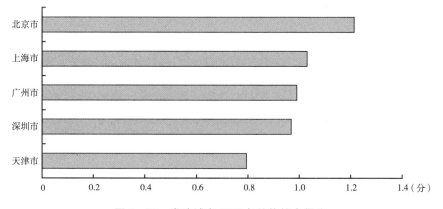

图 3 - 30　发达城市 2009 年结构综合得分

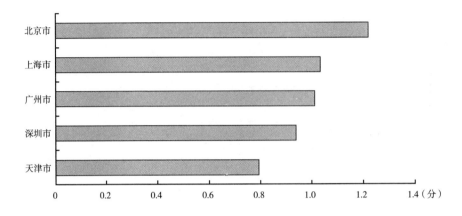

图 3 - 31　发达城市 2010 年结构综合得分

4. 发达城市以 2005 年为基期的结构指数图

国内发达城市以 2005 年为基期的结构指数图见图 3 - 32 至图 3 - 36。

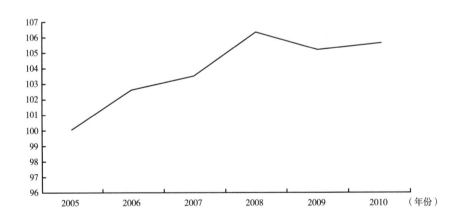

图 3 - 32　北京市结构指数（以 2005 年为基期）

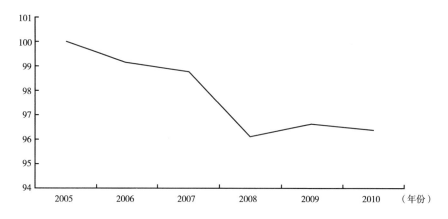

图 3 – 33　天津市结构指数（以 2005 年为基期）

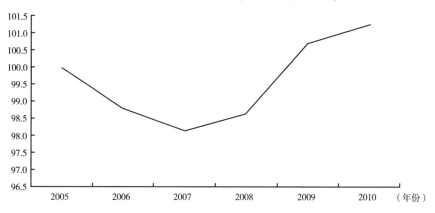

图 3 – 34　上海市结构指数（以 2005 年为基期）

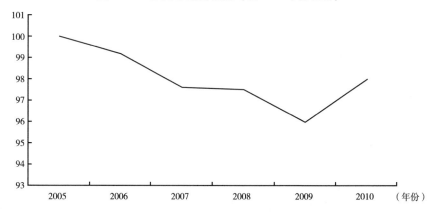

图 3 – 35　广州市结构指数（以 2005 年为基期）

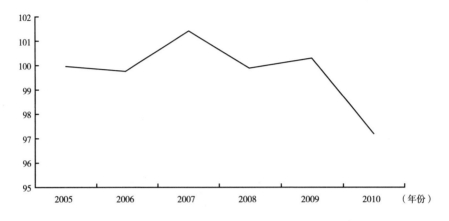

图 3 - 36　深圳市结构指数（以 2005 年为基期）

（三）发达城市潜力情况

1. 发达城市潜力排名

上海市潜力综合排名情况为，2005～2010 年排名第二。2005～2010 年北京市潜力综合排名第一（见表 3 - 11）。

表 3 - 11　2005～2010 年发达城市潜力排名

年份	2005	2006	2007	2008	2009	2010	2005 年后平均
北京市	1	1	1	1	1	1	1
天津市	4	3	3	4	4	4	4
上海市	2	2	2	2	2	2	2
广州市	5	5	5	5	5	5	5
深圳市	3	4	4	3	3	3	3

2. 发达城市潜力指数

分别以上一年和 2005 为基期，计算 2005～2010 年国内发达城市潜力指数见表 3 - 12、表 3 - 13。

表 3 - 12 2005～2010 年发达城市潜力指数（以上一年为基期）

年份	2005	2006	2007	2008	2009	2010	平均
北京市	100.00	97.50	95.98	102.98	94.91	101.36	98.55
天津市	100.00	102.81	102.65	90.91	100.19	98.67	99.05
上海市	100.00	103.03	103.68	99.10	103.68	100.11	101.92
广州市	100.00	97.94	98.36	102.69	100.39	99.40	99.76
深圳市	100.00	99.44	100.65	103.46	102.91	99.43	101.18

表 3 - 13 2005～2010 年发达城市潜力指数（以 2005 年为基期）

年份	2005	2006	2007	2008	2009	2010
北京市	100.00	97.50	93.59	96.37	91.47	92.71
天津市	100.00	102.81	105.54	95.94	96.13	94.86
上海市	100.00	103.03	106.81	105.85	109.74	109.86
广州市	100.00	97.94	96.33	98.93	99.31	98.72
深圳市	100.00	99.44	100.09	103.55	106.56	105.95

2010 年，国内发达城市中仅有两个城市以 2005 年为基期的潜力指数超过 100，其中，上海市为 109.86，深圳市为 105.95。

3. 发达城市潜力综合得分

2005～2010 年国内发达城市潜力综合得分见图 3 - 37 至图 3 - 43。

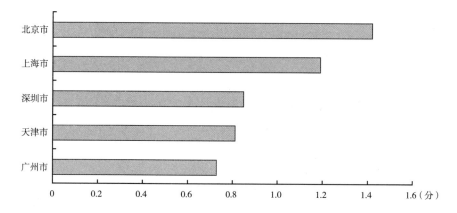

图 3 - 37 2005～2010 年发达城市潜力平均综合得分

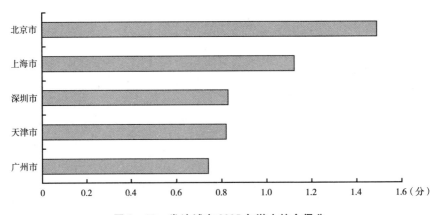

图 3-38　发达城市 2005 年潜力综合得分

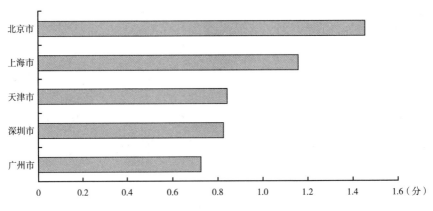

图 3-39　发达城市 2006 年潜力综合得分

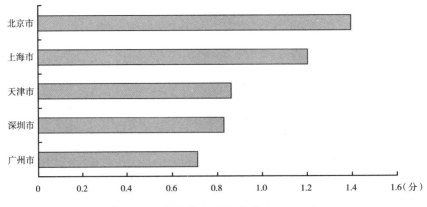

图 3-40　发达城市 2007 年潜力综合得分

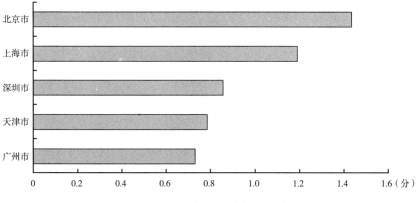

图 3 - 41　发达城市 2008 年潜力综合得分

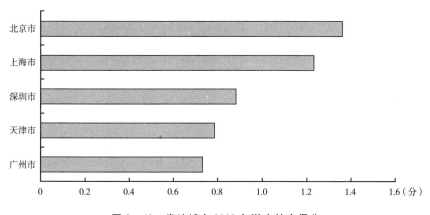

图 3 - 42　发达城市 2009 年潜力综合得分

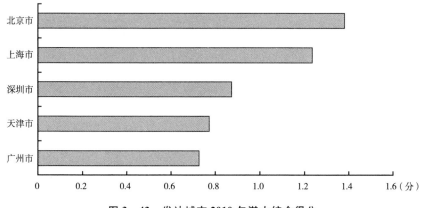

图 3 - 43　发达城市 2010 年潜力综合得分

4. 发达城市以 2005 年为基期的潜力指数图

国内发达城市以 2005 年为基期的潜力指数图见图 3-44 至图 3-48。

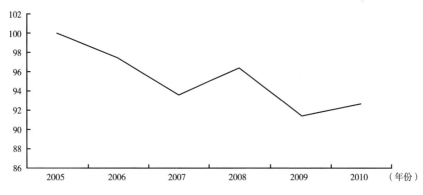

图 3-44　北京市潜力指数（以 2005 年为基期）

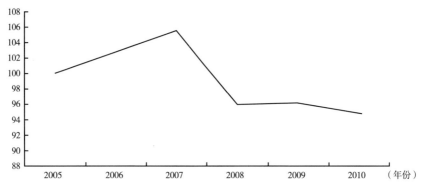

图 3-45　天津市潜力指数（以 2005 年为基期）

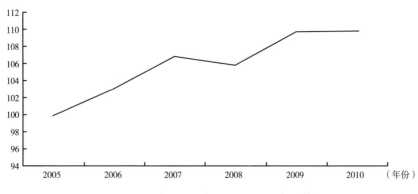

图 3-46　上海市潜力指数（以 2005 年为基期）

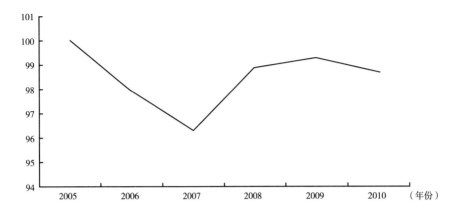

图 3 - 47　广州市潜力指数（以 2005 年为基期）

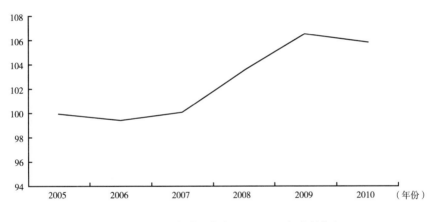

图 3 - 48　深圳市潜力指数（以 2005 年为基期）

（四）发达城市生活情况

1. 发达城市生活排名

上海市生活综合排名情况为，2005 年、2009 年、2010 年排名第一，2006 年排名第五，2007 年排名第二，2008 年排名第四（见表 3 - 14）。

表 3 - 14　2005 ~ 2010 年发达城市生活排名

年份	2005	2006	2007	2008	2009	2010	2005 年后平均
北京市	3	1	1	2	2	2	1
天津市	5	4	4	5	5	3	5
上海市	1	5	2	4	1	1	2
广州市	4	3	3	1	4	5	4
深圳市	2	2	5	3	3	4	3

2. 2005 ~ 2010 年发达城市生活指数

分别以上一年和 2005 年为基期，计算 2005 ~ 2010 年国内发达城市生活指数见表 3 - 15、表 3 - 16。

表 3 - 15　2005 ~ 2010 年发达城市生活指数（以上一年为基期）

年　份	2005	2006	2007	2008	2009	2010	平均
北京市	100.00	117.34	98.42	91.62	95.84	111.33	102.91
天津市	100.00	116.76	97.02	87.79	88.76	145.86	107.24
上海市	100.00	59.69	151.78	76.83	184.30	101.67	114.85
广州市	100.00	100.40	100.16	146.31	55.46	74.70	95.41
深圳市	100.00	113.37	74.34	101.00	109.65	72.68	94.21

表 3 - 16　2005 ~ 2010 年发达城市生活指数（以 2005 年为基期）

年　份	2005	2006	2007	2008	2009	2010
北京市	100.00	117.34	115.49	105.81	101.40	112.89
天津市	100.00	116.76	113.28	99.45	88.27	128.76
上海市	100.00	59.69	90.59	69.61	128.28	130.43
广州市	100.00	100.40	100.57	147.14	81.60	60.95
深圳市	100.00	113.37	84.28	85.12	93.33	67.83

2010 年，国内发达城市中仅有 3 个城市以 2005 年为基期的生活指数超过 100，其中，上海市为 130.43，北京市为 112.89，天津市为 128.76。

3. 发达城市生活综合得分

2005～2010 年国内发达城市生活综合得分见图 3-49 至图 3-55。

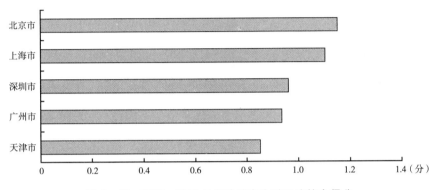

图 3-49　2005～2010 年发达城市生活平均综合得分

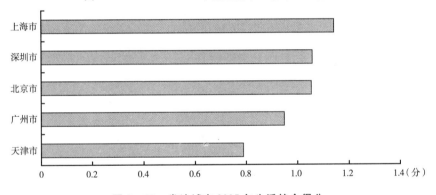

图 3-50　发达城市 2005 年生活综合得分

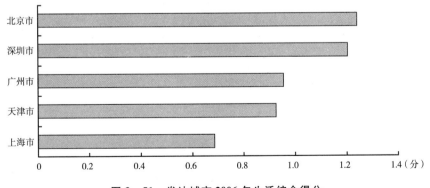

图 3-51　发达城市 2006 年生活综合得分

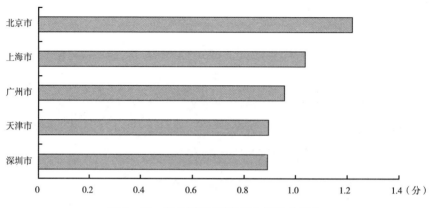

图 3 - 52 发达城市 2007 年生活综合得分

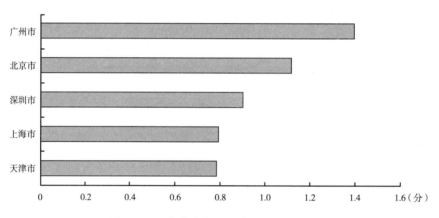

图 3 - 53 发达城市 2008 年生活综合得分

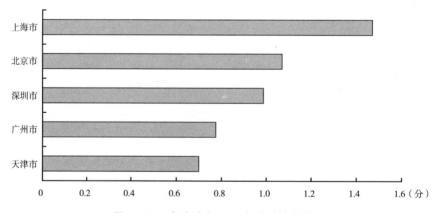

图 3 - 54 发达城市 2009 年生活综合得分

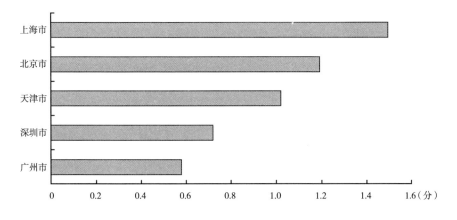

图 3 - 55　发达城市 2010 年生活综合得分

4. 发达城市以 2005 年为基期的生活指数图

国内发达城市以 2005 年为基期的生活指数图见图 3 - 56 至图 3 - 60。

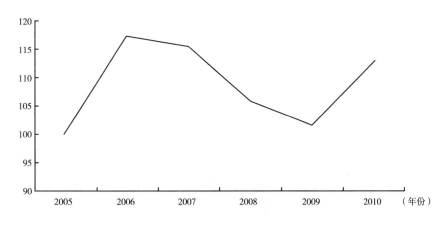

图 3 - 56　北京市生活指数（以 2005 年为基期）

（五）发达城市稳定情况

1. 发达城市稳定排名

上海市稳定综合排名情况为，2005 年、2009 年排名第一，2006 年排

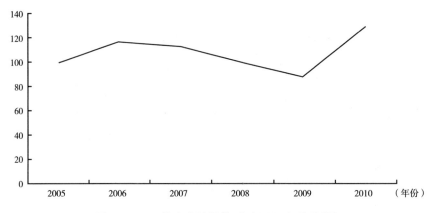

图 3 - 57　天津市生活指数（以 2005 年为基期）

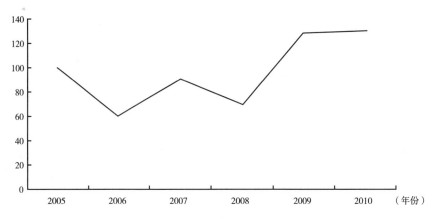

图 3 - 58　上海市生活指数（以 2005 年为基期）

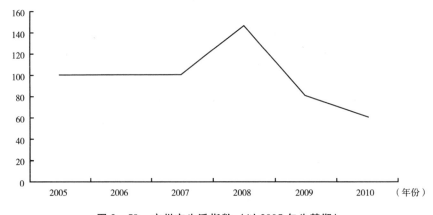

图 3 - 59　广州市生活指数（以 2005 年为基期）

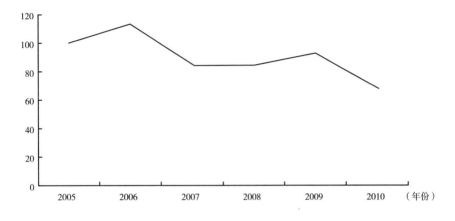

图 3 - 60　深圳市生活指数（以 2005 年为基期）

名第二，2007 年排名第三，2008 年排名第四，2010 年排名第二。北京市
2006 ~ 2008 年及 2010 年排名第一，2005 年排名第二，2009 年排第三
（见表 3 - 17）。

表 3 - 17　2005 ~ 2010 年发达城市稳定排名

年份	2005	2006	2007	2008	2009	2010	2005 年后平均
北京市	2	1	1	1	3	1	1
天津市	4	3	4	3	2	4	3
上海市	1	2	3	4	1	2	2
广州市	3	4	2	2	4	3	4
深圳市	5	5	5	5	5	5	5

2. 发达城市稳定指数

分别以上一年和 2005 年为基期，计算 2005 ~ 2010 年国内发达城市稳
定指数见表 3 - 18、表 3 - 19。

表 3 – 18　2005～2010 年发达城市稳定指数（以上一年为基期）

年 份	2005	2006	2007	2008	2009	2010	平均
北京市	100.00	108.23	96.54	89.27	91.83	119.39	101.05
天津市	100.00	104.11	96.30	107.76	102.24	94.29	100.94
上海市	100.00	91.54	93.08	100.87	124.05	83.01	98.51
广州市	100.00	93.49	115.97	99.66	87.94	109.30	101.27
深圳市	100.00	103.49	100.89	105.31	94.52	99.80	100.80

表 3 – 19　2005～2010 年发达城市稳定指数（以 2005 年为基期）

年 份	2005	2006	2007	2008	2009	2010
北京市	100.00	108.23	104.48	93.27	85.65	102.26
天津市	100.00	104.11	100.26	108.04	110.46	104.15
上海市	100.00	91.54	85.21	85.95	106.63	88.51
广州市	100.00	93.49	108.42	108.05	95.02	103.85
深圳市	100.00	103.49	104.41	109.95	103.93	103.72

2010 年，以 2005 年为基期的稳定指数仅上海市低于 100，为 88.51。其他 4 个发达城市的稳定指数均超过 100，其中，北京市为 102.26，天津市为 104.15，广州市为 103.85，深圳市为 103.72。

3. 发达城市稳定综合得分

2005～2010 年国内发达城市稳定综合得分见图 3 – 61 至图 3 – 67。

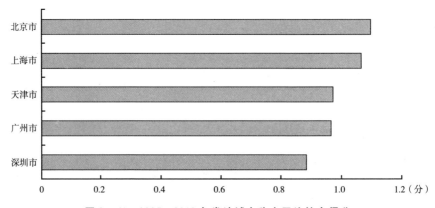

图 3 – 61　2005～2010 年发达城市稳定平均综合得分

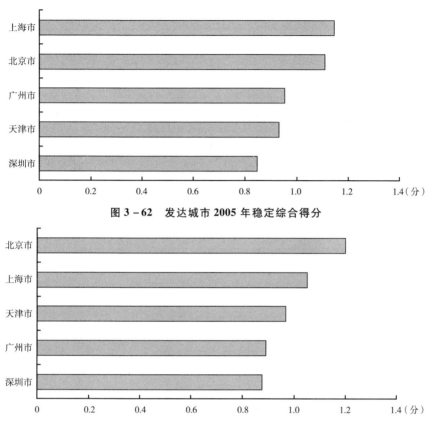

图 3 - 62　发达城市 2005 年稳定综合得分

图 3 - 63　发达城市 2006 年稳定综合得分

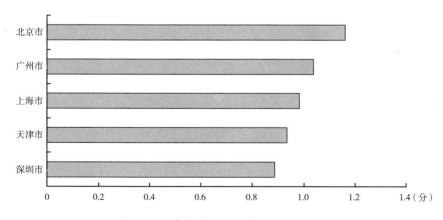

图 3 - 64　发达城市 2007 年稳定综合得分

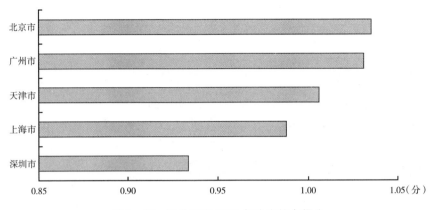

图 3-65 发达城市 2008 年稳定综合得分

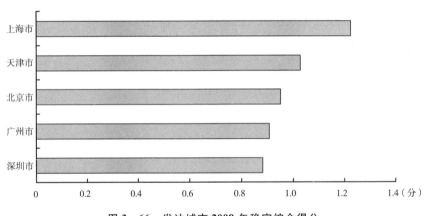

图 3-66 发达城市 2009 年稳定综合得分

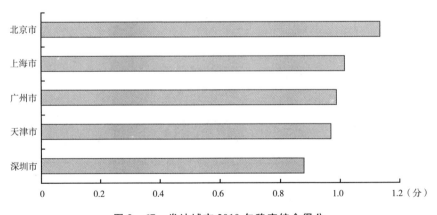

图 3-67 发达城市 2010 年稳定综合得分

4. 发达城市以 2005 年为基期的稳定指数图

国内发达城市以 2005 年为基期的稳定指数图见图 3 - 68 至图 3 - 72。

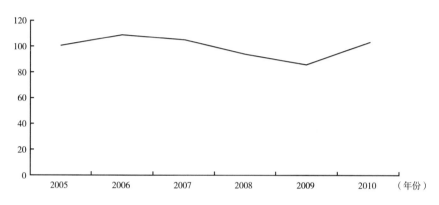

图 3 - 68　北京市稳定指数（以 2005 年为基期）

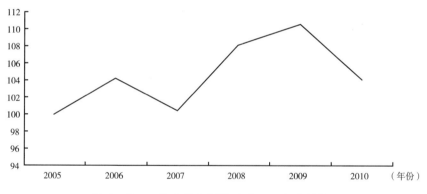

图 3 - 69　天津市稳定指数（以 2005 年为基期）

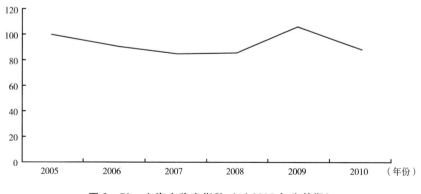

图 3 - 70　上海市稳定指数（以 2005 年为基期）

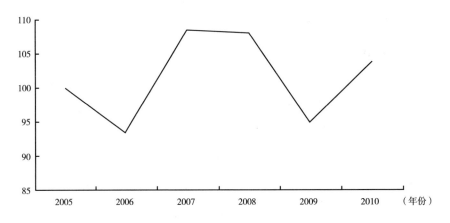

图 3 - 71　广州市稳定指数（以 2005 年为基期）

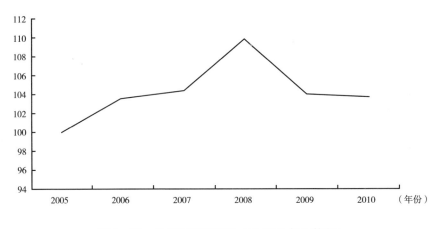

图 3 - 72　深圳市稳定指数（以 2005 年为基期）

第四节　国内发达城市转型升级的影响因素分析

（一）一级指标权重

在一级指标中，效率占 0.2970，结构占 0.2970，潜力占 0.1807，生活占 0.1370，稳定占 0.0883（见表 3 - 20）。

表 3 - 20　发达城市转型升级一级指标权重

一级指标	权重	一级指标	权重
效率	0.2970	生活	0.1370
结构	0.2970	稳定	0.0883
潜力	0.1807		

（二）具体指标权重

具体指标权重见表 3 - 21。

表 3 - 21　具体指标权重

一级指标	一级权重	具体指标	权重	本级内权重
效率	0.2970	TFP 贡献率	0.0462	0.1556
		资本产出率	0.0359	0.1209
		土地产出率	0.0320	0.1077
		地方税收增长	0.0188	0.0633
		GDP3 劳动生产率	0.0988	0.3327
		GDP2 劳动生产率	0.0653	0.2199
结构	0.2970	第三产业就业比重	0.1069	0.3599
		第三产业占 GDP 比重	0.0747	0.2515
		消费对经济增长贡献	0.0566	0.1906
		贸易依存度	0.0318	0.1071
		万元 GDP 能耗	0.0270	0.0909
潜力	0.1807	每万劳动力中研发人员数	0.0266	0.1472
		R&D	0.0249	0.1378
		专利授权量	0.0402	0.2225
		劳动力受教育程度	0.0580	0.3210
		建成区与规划区比重	0.0122	0.0675
		资本形成/GDP	0.0188	0.1040
生活	0.1370	环境指数	0.0094	0.0686
		基础设施指数	0.0154	0.1124
		公共服务覆盖率	0.0210	0.1533
		人均收入增长	0.0288	0.2102
		人类发展指数（HDI）	0.0110	0.0803
		房价收入比	0.0121	0.0883
		家庭财富增长	0.0394	0.2876

一级指标	一级权重	具体指标	权重	本级内权重
稳定	0.0883	增长波动率	0.0170	0.1925
		通货膨胀率	0.0339	0.3839
		政府收入稳定	0.0108	0.1223
		基尼系数（GINI）	0.0265	0.3001

（三）具体指标权重排序

具体指标权重排序见表 3 - 22。

表 3 - 22 具体指标权重排序

具体指标	权重	序号
第三产业就业比重	0.1069	1
GDP3 劳动生产率	0.0988	2
第三产业占 GDP 比重	0.0747	3
GDP2 劳动生产率	0.0653	4
劳动力受教育程度	0.0580	5
消费对经济增长贡献	0.0566	6
TFP 贡献率	0.0462	7
专利授权量	0.0402	8
家庭财富增长	0.0394	9
资本产出率	0.0359	10
通货膨胀率	0.0339	11
土地产出率	0.0320	12
贸易依存度	0.0318	13
人均收入增长	0.0288	14
万元 GDP 能耗	0.0270	15
每万劳动力中研发人员数	0.0266	16
GINI	0.0265	17
R&D	0.0249	18
公共服务覆盖率	0.0210	19
地方税收增长	0.0188	20
资本形成/GDP	0.0188	21
增长波动率	0.0170	22

具体指标	权重	序号
基础设施指数	0.0154	23
建成区与规划区比重	0.0122	24
房价收入比	0.0121	25
HDI	0.0110	26
政府收入稳定	0.0108	27
环境指数	0.0094	28

（四） 发达城市转型升级雷达图

根据研究所得数据做出 2005 年以来及 2005～2010 年转型升级一级指标雷达图，从雷达图中可以看出影响发达城市转型升级的一级指标效率、结构、潜力、生活、稳定的得分对比情况，从而可以对国内发达城市之间和城市自身发展状况进行比较。

图 3－73 至图 3－79 是 2005 年以来及 2005～2010 年国内发达城市转型升级雷达图。

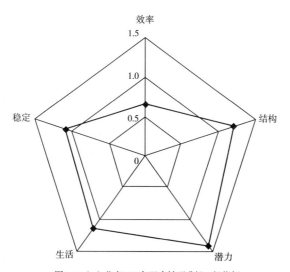

图3-73（a）北京2005年以来转型升级一级指标

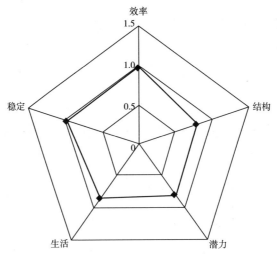

图3-73（b）天津2005年以来转型升级一级指标

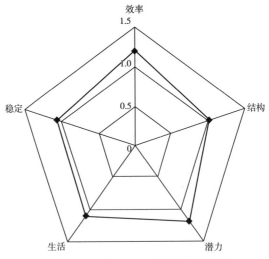

图3-73（c）上海2005年以来转型升级一级指标

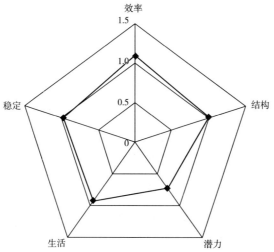

图3-73（d）广州2005年以来转型升级一级指标

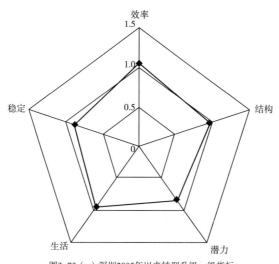

图3-73（e）深圳2005年以来转型升级一级指标

图 3 – 73　2005 年以来中国发达城市转型升级雷达图

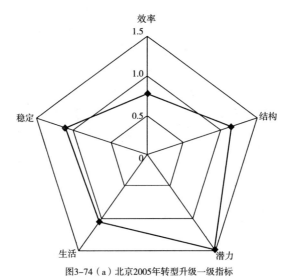

图3-74（a）北京2005年转型升级一级指标

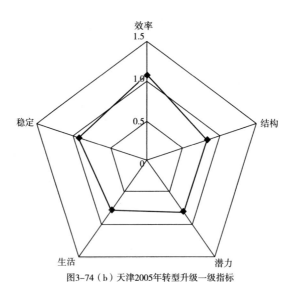

图3-74（b）天津2005年转型升级一级指标

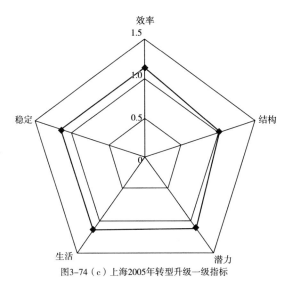

图3-74（c）上海2005年转型升级一级指标

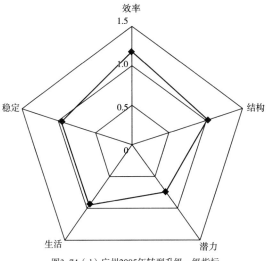

图3-74（d）广州2005年转型升级一级指标

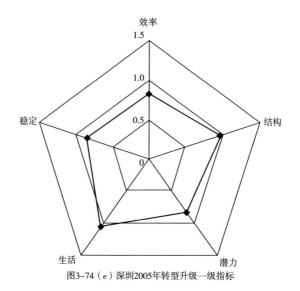

图3-74（e）深圳2005年转型升级一级指标

图 3 - 74　2005 年中国发达城市转型升级雷达图

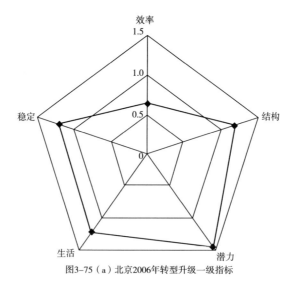

图3-75（a）北京2006年转型升级一级指标

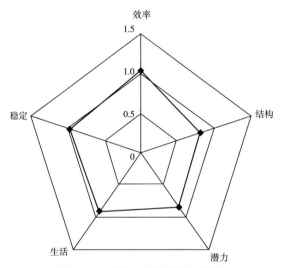

图3-75（b）天津2006年转型升级一级指标

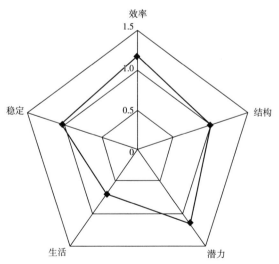

图3-75（c）上海2006年转型升级一级指标

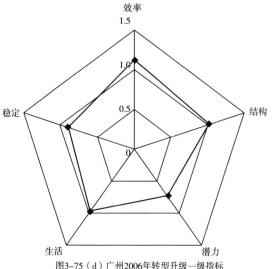

图3-75（d）广州2006年转型升级一级指标

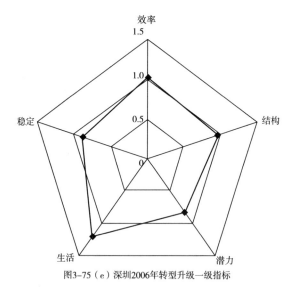

图3-75（e）深圳2006年转型升级一级指标

图 3 - 75　2006 年中国发达城市转型升级雷达图

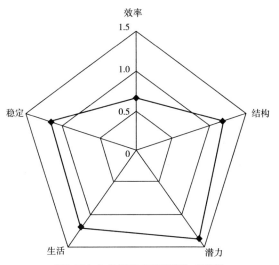

图3-76（a）北京2007年转型升级一级指标

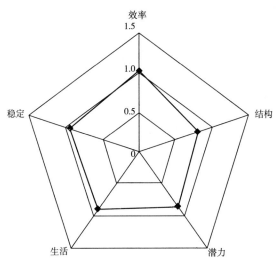

图3-76（b）天津2007年转型升级一级指标

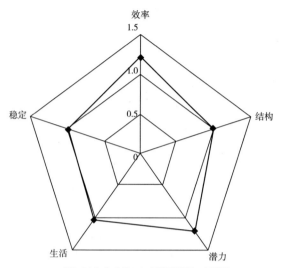

图3-76（c）上海2007年转型升级一级指标

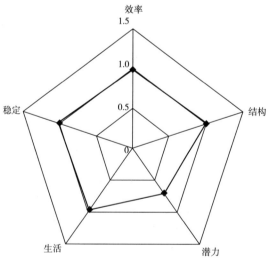

图3-76（d）广州2007年转型升级一级指标

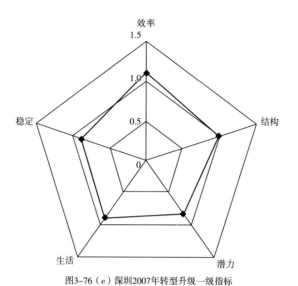

图3-76（e）深圳2007年转型升级一级指标

图 3－76　2007 年中国发达城市转型升级雷达图

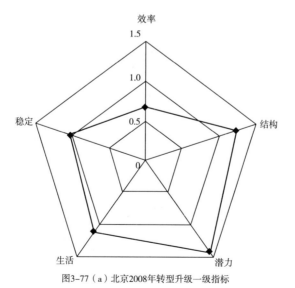

图3-77（a）北京2008年转型升级一级指标

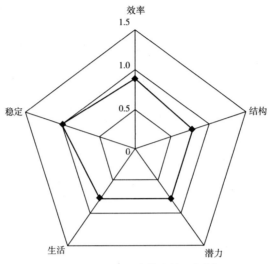

图3-77（b）天津2008年转型升级一级指标

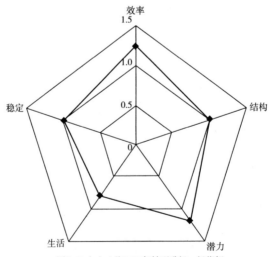

图3-77（c）上海2008年转型升级一级指标

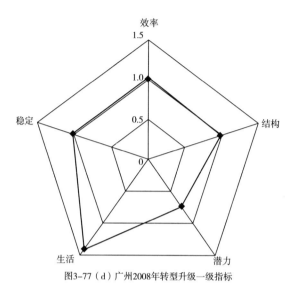

图3-77（d）广州2008年转型升级一级指标

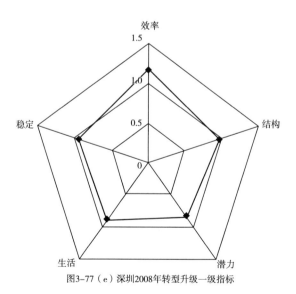

图3-77（e）深圳2008年转型升级一级指标

图3-77　2008年中国发达城市转型升级雷达图

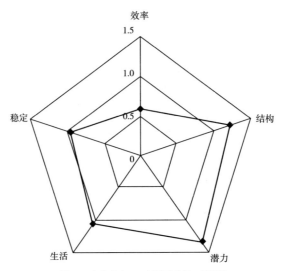

图3-78（a）北京2009年转型升级一级指标

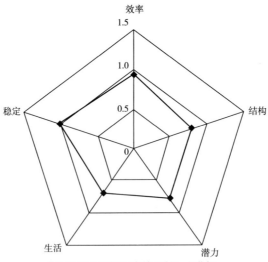

图3-78（b）天津2009年转型升级一级指标

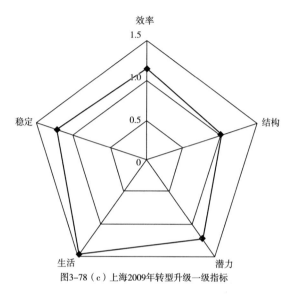

图3-78（c）上海2009年转型升级一级指标

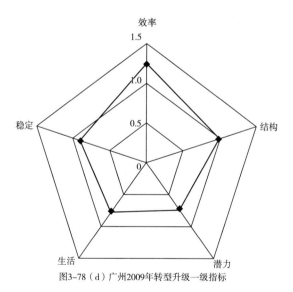

图3-78（d）广州2009年转型升级一级指标

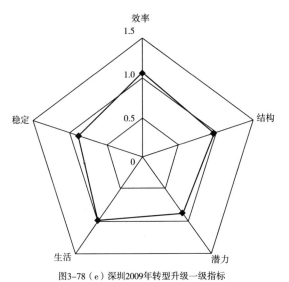

图3-78（e）深圳2009年转型升级一级指标

图 3 - 78　2009 年中国发达城市转型升级雷达图

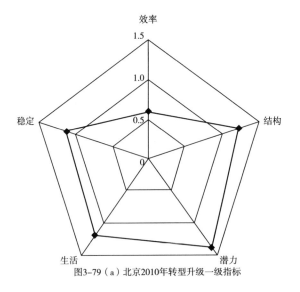

图3-79（a）北京2010年转型升级一级指标

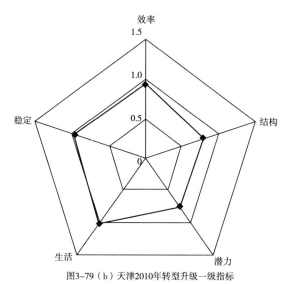

图3-79（b）天津2010年转型升级一级指标

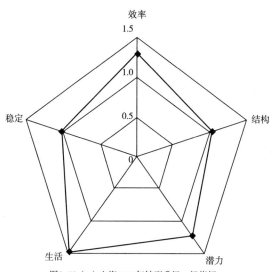

图3-79（c）上海2010年转型升级一级指标

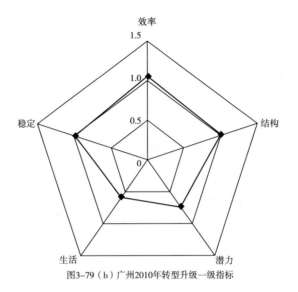

图3-79（b）广州2010年转型升级一级指标

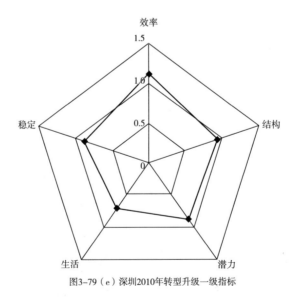

图3-79（e）深圳2010年转型升级一级指标

图 3－79　2010 年中国发达城市转型升级雷达图

第五节　中国发达城市具体指标分析（按权重顺序）

（一）第三产业就业比重

2005～2010 年中国发达城市第三产业就业比重北京市最高，为 73.94%。同时，2005～2010 年北京市第三产业就业比重增长也最快，增长了 6.55 个百分点。5 个国内发达城市的第三产业就业比重仅上海市和深圳市 2010 年比 2005 年有所下降，其中上海市下降了 1.79 个百分点，深圳市下降了 0.68 个百分点。具体情况为，北京市第三产业就业比重 2010 年比 2005 年增长了 6.55 个百分点，从 2005 年的 69.9% 上升到 2010 年的 76.45%，2005～2010 年平均为 73.94%；天津市第三产业就业比重 2010 年比 2005 年增长了 2.85 个百分点，从 2005 年的 48.61% 上升到 2010 年的 51.46%，2005～2010 年平均为 50.13%；上海市第三产业就业比重 2010 年比 2005 年下降了 1.79 个百分点，从 2005 年的 61.01% 下降到 2010 年的 59.22%，2005～2010 年平均为 58.40%；广州市第三产业就业比重 2010 年比 2005 年上升了 0.91 个百分点，从 2005 年的 57.07% 上升到 2010 年的 57.98%，2005～2010 年平均为 56.93%；深圳市第三产业就业比重 2010 年比 2005 年下降了 0.68 个百分点，从 2005 年的 45.75% 下降到 2010 年的 45.07%，2005～2010 年平均为 45.83%。具体见表 3-23。

表 3-23　2005～2010 年中国发达城市第三产业就业比重

单位：%

城市	2005 年	2006 年	2007 年	2008 年	2009 年	2010 年	平均	2010 年比 2005 年增长
北京	69.90	72.21	73.44	75.32	76.3	76.45	73.94	6.55 个百分点
天津	48.61	48.35	49.28	51.92	51.14	51.46	50.13	2.85 个百分点

城市	2005 年	2006 年	2007 年	2008 年	2009 年	2010 年	平均	2010 年比 2005 年增长
上海	61.01	58.51	55.81	57.17	58.66	59.22	58.40	(1.79)个百分点
广州	57.07	56.93	55.60	56.88	57.13	57.98	56.93	0.91 个百分点
深圳	45.75	44.41	46.22	47.64	45.90	45.07	45.83	(0.68)个百分点

注：①表中带括弧的数据是负值。

②表 3－23 至表 3－50 中数据为四舍五入后所得数据，增长数据由原始数据计算而得。

（二）GDP3 劳动生产率

与 2005 年中国发达城市第三产业劳动生产率相比，2010 年上海市增长最快，增幅为 48.34%，其次是天津市，增长了 43.34%，另外 3 个城市的增幅均不足 20%。具体情况为，北京市第三产业劳动生产率 2010 年比 2005 年增长了 12.99%，从 2005 年的 1.96 万元/人上升到 2010 年的 2.22 万元/人，2005～2010 年平均为 2.08 万元/人；天津市第三产业劳动生产率 2010 年比 2005 年增长了 43.34%，从 2005 年的 3.49 万元/人上升到 2010 年的 5.01 万元/人，2005～2010 年平均为 4.23 万元/人；上海市第三产业劳动生产率 2010 年比 2005 年增长了 48.34%，从 2005 年的 3.27 万元/人增长到 2010 年的 4.85 万元/人，2005～2010 年平均为 4.18 万元/人；广州市第三产业劳动生产率 2010 年比 2005 年上升了 13.10%，从 2005 年的 3.17 万元/人上升到 2010 年的 3.59 万元/人，2005～2010 年平均为 3.37 万元/人；深圳市第三产业劳动生产率 2010 年比 2005 年增长了 19.39%，从 2005 年的 2.70 万元/人增长到 2010 年的 3.22 万元/人，2005～2010 年平均为 2.93 万元/人。具体见表 3－24。

（三）第三产业占 GDP 的比重

与 2005 年中国发达城市第三产业占 GDP 比重相比，2010 年上海市上

表 3 - 24　2005～2010 年中国发达城市第三产业劳动生产率（2005 年不变价格）

单位：万元/人

城市	2005 年	2006 年	2007 年	2008 年	2009 年	2010 年	平均	2010 年比 2005 年增长
北京	1.96	1.99	2.04	2.11	2.14	2.22	2.08	12.99%
天津	3.49	3.88	4.43	3.98	4.61	5.01	4.23	43.34%
上海	3.27	3.62	4.19	4.48	4.65	4.85	4.18	48.34%
广州	3.17	3.36	3.33	3.26	3.48	3.59	3.37	13.10%
深圳	2.70	2.75	2.86	2.96	3.11	3.22	2.93	19.39%

升最快，上升了 6.68 个百分点，其次是深圳市，上升了 6.11 个百分点。具体情况为，北京市第三产业占 GDP 比重 2010 年比 2005 年增长了 5.58 个百分点，从 2005 年的 69.52% 上升到 2010 年的 75.10%，2005～2010 年平均为 72.98%；天津市第三产业占 GDP 比重 2010 年比 2005 年增长了 3.89 个百分点，从 2005 年的 42.11% 上升到 2010 年的 46.00%，2005～2010 年平均为 42.21%；上海市第三产业占 GDP 比重 2010 年比 2005 年上升了 6.68 个百分点，从 2005 年的 50.62% 上升到 2010 年的 57.30%，2005～2010 年平均为 54.14%；广州市第三产业占 GDP 比重 2010 年比 2005 年上升了 1.47 个百分点，从 2005 年的 59.54% 上升到 2010 年的 61.01%，2005～2010 年平均为 60.82%；深圳市第三产业占 GDP 比重 2010 年比 2005 年上升了 6.11 个百分点，从 2005 年的 46.61% 上升到 2010 年的 52.72%，2005～2010 年平均为 50.15%。具体见表 3 - 25。

表 3 - 25　2005～2010 年中国发达城市第三产业占 GDP 比重

单位：%

城市	2005 年	2006 年	2007 年	2008 年	2009 年	2010 年	平均	2010 年比 2005 年增长
北京	69.52	71.29	72.43	73.60	75.94	75.10	72.98	5.58 个百分点
天津	42.11	40.86	40.81	38.15	45.34	46.00	42.21	3.89 个百分点
上海	50.62	50.73	52.73	53.82	59.64	57.30	54.14	6.68 个百分点
广州	59.54	59.37	60.45	61.32	63.25	61.01	60.82	1.47 个百分点
深圳	46.61	47.42	49.84	51.04	53.25	52.72	50.15	6.11 个百分点

（四）GDP2 劳动生产率

中国发达城市第二产业劳动生产率 2005～2010 年平均水平最高的是上海市，为 10.30 万元/人。2010 年比 2005 年增长最快的是天津市，增幅为 86.60%，其次是上海市，增长了 56.19%，另外 3 个城市的增幅不足 35%。具体情况为，北京市第二产业劳动生产率 2010 年比 2005 年增长了 31.40%，从 2005 年的 5.22 万元/人上升到 2010 年的 6.86 万元/人，2005～2010 年平均为 5.91 万元/人；天津市第二产业劳动生产率 2010 年比 2005 年增长了 86.60%，从 2005 年的 6.55 万元/人上升到 2010 年的 12.22 万元/人，2005～2010 年平均为 9.04 万元/人；上海市第二产业劳动生产率 2010 年比 2005 年增长了 56.19%，从 2005 年的 8.29 万元/人增长到 2010 年的 12.94 万元/人，2005～2010 年平均为 10.30 万元/人；广州市第二产业劳动生产率 2010 年比 2005 年上升了 15.25%，从 2005 年的 7.24 万元/人上升到 2010 年的 8.34 万元/人，2005～2010 年平均为 7.51 万元/人；深圳市第二产业劳动生产率 2010 年比 2005 年增长了 17.71%，从 2005 年的 7.52 万元/人增长到 2010 年的 8.85 万元/人，2005～2010 年平均为 7.79 万元/人。具体见表 3－26。

表 3－26　2005～2010 年中国发达城市第二产业劳动生产率（2005 年不变价格）

单位：万元/人

城市	2005 年	2006 年	2007 年	2008 年	2009 年	2010 年	平均	2010 年比 2005 年增长
北京	5.22	5.42	5.76	5.88	6.31	6.86	5.91	31.40%
天津	6.55	7.53	8.58	9.02	10.36	12.22	9.04	86.60%
上海	8.29	9.07	9.87	10.57	11.08	12.94	10.30	56.19%
广州	7.24	7.19	7.21	7.28	7.82	8.34	7.51	15.25%
深圳	7.52	7.18	7.34	8.13	7.70	8.85	7.79	17.71%

（五）劳动力受教育程度

与 2005 年中国发达城市劳动力受教育程度相比，2010 年增长的有上海市、广州市、深圳市，增幅分别为 7.71%、10.16%、19.43%。具体情况为，北京市劳动力受教育程度 2010 年比 2005 年下降了 4.24%，从 2005 年的 8.83 年下降到 2010 年的 8.46 年，2005~2010 年平均为 8.69 年；天津市劳动力受教育程度 2010 年比 2005 年下降了 18.74%，从 2005 年的 10.28 年下降到 2010 年的 8.36 年，2005~2010 年平均为 9.71 年；上海市劳动力受教育程度 2010 年比 2005 年增长了 7.71%，从 2005 年的 7.20 年增长到 2010 年的 7.75 年，2005~2010 年平均为 7.66 年；广州市劳动力受教育程度 2010 年比 2005 年上升了 10.16%，从 2005 年的 8.14 年上升到 2010 年的 8.97 年，2005~2010 年平均为 8.62 年；深圳市劳动力受教育程度 2010 年比 2005 年增长了 19.43%，从 2005 年的 2.55 年增长到 2010 年的 3.04 年，2005~2010 年平均为 2.83 年。具体见表 3-27。

表 3-27　2005~2010 年中国发达城市劳动力受教育程度

单位：年

城市	2005 年	2006 年	2007 年	2008 年	2009 年	2010 年	平均	2010 年比 2005 年增长
北京	8.83	9.29	8.36	8.55	8.65	8.46	8.69	（4.24%）
天津	10.28	10.92	11.39	8.47	8.85	8.36	9.71	（18.74%）
上海	7.20	7.55	7.87	7.90	7.70	7.75	7.66	7.71%
广州	8.14	8.37	8.68	8.72	8.81	8.97	8.62	10.16%
深圳	2.55	2.69	2.83	2.92	2.95	3.04	2.83	19.43%

注：表中带括号的数据为负值。

（六）消费对经济增长贡献

与 2005 年中国发达城市消费贡献率相比，2010 年上海市上升最快，上升了 6.50 个百分点，其次是北京市，上升了 6.00 个百分点。具体情况为，北京市消费贡献率 2010 年比 2005 年增长了 6.00 个百分点，从 2005 年的 50.02% 上升到 2010 年的 56.03%，2005 ~ 2010 年平均为 52.87%；天津市消费贡献率 2010 年比 2005 年下降了 0.30 个百分点，从 2005 年的 38.60% 下降到 2010 年的 38.30%，2005 ~ 2010 年平均为 38.65%；上海市消费贡献率 2010 年比 2005 年上升了 6.50 个百分点，从 2005 年的 48.40% 上升到 2010 年的 54.90%，2005 ~ 2010 年平均为 50.83%；广州市消费贡献率 2010 年比 2005 年上升了 3.70 个百分点，从 2005 年的 43.80% 上升到 2010 年的 47.50%，2005 ~ 2010 年平均为 43.69%；深圳市消费贡献率 2010 年比 2005 年上升了 2.29 个百分点，从 2005 年的 39.20% 上升到 2010 年的 41.49%，2005 ~ 2010 年平均为 39.28%。具体见表 3 - 28。

表 3 - 28　2005 ~ 2010 年中国发达城市消费贡献率

单位：%

城市	2005 年	2006 年	2007 年	2008 年	2009 年	2010 年	平均	2010 年比 2005 年增长
北京	50.02	50.82	51.43	53.33	55.57	56.03	52.87	6.00 个百分点
天津	38.60	39.60	39.50	37.70	38.20	38.30	38.65	(0.30) 个百分点
上海	48.40	49.00	49.40	51.00	52.30	54.90	50.83	6.50 个百分点
广州	43.80	43.10	42.54	44.59	40.62	47.50	43.69	3.70 个百分点
深圳	39.20	39.00	38.61	38.69	38.69	41.49	39.28	2.29 个百分点

注：表中带括号的数据为负值。

（七）TFP 贡献率

2005 ~ 2010 年中国发达城市 TFP 贡献率上海市平均最高，为 56.26%，第二是广州市，平均为 48.49%，其他 3 个城市的 TFP 贡献率平均值均不足 40%。具体情况为，北京市 TFP 贡献率 2010 年比

2005 年下降了 20.15 个百分点，从 2005 年的 34.71% 下降到 2010 年的 14.56%，2005～2010 年平均为 19.63%；天津市 TFP 贡献率 2010 年比 2005 年下降了 48.80 个百分点，从 2005 年的 39.60% 下降到 2010 年的 - 9.20%，2005～2010 年平均为 13.50%；上海市 TFP 贡献率 2010 年比 2005 年上升了 35.38 个百分点，从 2005 年的 40.35% 上升到 2010 年的 75.73%，2005～2010 年平均为 56.26%；广州市 TFP 贡献率 2010 年比 2005 年下降了 3.44 个百分点，从 2005 年的 48.76% 下降到 2010 年的 45.32%，2005～2010 年平均为 48.49%；深圳市 TFP 贡献率 2010 年比 2005 年上升了 69.38 个百分点，从 2005 年的 - 19.24% 上升到 2010 年的 50.14%，2005～2010 年平均为 35.06%。具体见表 3－29。

表 3－29　2005～2010 年中国发达城市 TFP 贡献率

单位：%

城市	2005 年	2006 年	2007 年	2008 年	2009 年	2010 年	平均	2010 年比 2005 年增长
北京	34.71	15.38	25.52	19.78	7.84	14.56	19.63	（20.15）个百分点
天津	39.60	31.97	27.74	- 2.42	- 6.67	- 9.20	13.50	（48.80）个百分点
上海	40.35	64.57	70.39	53.61	32.93	75.73	56.26	35.38 个百分点
广州	48.76	54.89	37.33	36.00	68.67	45.32	48.49	（3.44）个百分点
深圳	- 19.24	27.17	61.34	55.30	35.68	50.14	35.06	69.38 个百分点

注：表中带括号的数据为负值。

（八）专利授权量

中国发达城市专利授权量 2005～2010 年平均最高的是上海市，为 26880 件，2010 年比 2005 年增长最快的是深圳市，为 289.08%，其次是上海市，增幅为 282.57%。具体情况为，北京市专利授权量 2010 年比 2005 年增长了 231.79%，从 2005 年的 10100 件增长到 2010 年的 33511 件，2005～

2010 年平均为 18412 件；天津市专利授权量 2010 年比 2005 年增长了 261.44%，从 2005 年的 3045 件增长到 2010 年的 11006 件，2005～2010 年平均为 6331 件；上海市专利授权量 2010 年比 2005 年增长了 282.57%，从 2005 年的 12603 件增长到 2010 年的 48215 件，2005～2010 年平均为 26880 件；广州市专利授权量 2010 年比 2005 年上升了 224.33%，从 2005 年的 7838 件上升到 2010 年的 25421 件，2005～2010 年平均为 14121 件；深圳市专利授权量 2010 年比 2005 年增长了 289.08%，从 2005 年的 8983 件增长到 2010 年的 34951 件，2005～2010 年平均为 19280 件。具体见表 3－30。

表 3－30　2005～2010 年中国发达城市专利授权量

单位：件

城市	2005 年	2006 年	2007 年	2008 年	2009 年	2010 年	平均	2010 年比 2005 年增长
北京	10100	11238	14954	17747	22921	33511	18412	231.79%
天津	3045	4159	5584	6790	7404	11006	6331	261.44%
上海	12603	16602	24481	24468	34913	48215	26880	282.57%
广州	7838	9237	11672	12746	17812	25421	14121	224.33%
深圳	8983	11494	15552	18805	25894	34951	19280	289.08%

（九）家庭财富增长

中国发达城市家庭财富增长（人均）2005～2010 年平均最高的是上海市，为 24.64%，2010 年比 2005 年增长最快的也是上海市，增幅为 21.09 个百分点。具体情况为，北京市家庭财富增长（人均）2010 年比 2005 年上升了 8.64 个百分点，从 2005 年的 14.69% 上升到 2010 年的 23.32%，2005～2010 年平均为 20.44%；天津市家庭财富增长（人均）2010 年比 2005 年上升了 1.79 个百分点，从 2005 年的 11.77% 上升到 2010 年的 13.56%，2005～2010 年平均为 12.96%；上海市家庭财富增长

（人均）2010 年比 2005 年上升了 21.09 个百分点，从 2005 年的 10.58%
上升到 2010 年的 31.67%，2005～2010 年平均为 24.64%；广州市家庭财
富增长（人均）2010 年比 2005 年上升了 5.75 个百分点，从 2005 年的
14.25% 上升到 2010 年的 20.01%，2005～2010 年平均为 18.09%；深圳
市家庭财富增长（人均）2010 年比 2005 年下降了 3.41 个百分点，从
2005 年的 15.23% 下降到 2010 年的 11.83%，2005～2010 年平均为
12.96%。具体见表 3-31。

表 3-31　2005～2010 年中国发达城市家庭财富增长（人均）

单位：%

城市	2005 年	2006 年	2007 年	2008 年	2009 年	2010 年	平均	2010 年比 2005 年增长
北京	14.69	14.69	28.76	11.23	29.98	23.32	20.44	8.64 个百分点
天津	11.77	11.77	16.75	8.47	15.45	13.56	12.96	1.79 个百分点
上海	10.58	10.58	15.31	4.56	75.13	31.67	24.64	21.09 个百分点
广州	14.25	14.25	17.86	35.48	6.68	20.01	18.09	5.75 个百分点
深圳	15.23	15.23	11.47	6.74	17.27	11.83	12.96	(3.41)个百分点

注：表中带括号的数据为负值。

（十）资本产出率

中国发达城市资本产出率 2005～2010 年平均最高的是深圳市，为
2.62，2010 年比 2005 年增长最快的是深圳市，增幅为 66.20%。具体
情况为，北京市资本产出率 2010 年比 2005 年增长了 30.54%，从 2005
年的 0.71 增长到 2010 年的 0.93，2005～2010 年平均为 0.82；天津市
资本产出率 2010 年比 2005 年增长了 50.59%，从 2005 年的 0.83 增长
到 2010 年的 1.24，2005～2010 年平均为 1.03；上海市资本产出率
2010 年比 2005 年增长了 49.14%，从 2005 年的 0.71 增长到 2010 年的
1.06，2005～2010 年平均为 0.89；广州市资本产出率 2010 年比 2005

年上升了 62.12%，从 2005 年的 1.61 上升到 2010 年的 2.60，2005 ~ 2010 年平均为 2.10；深圳市资本产出率 2010 年比 2005 年上升了 66.20%，从 2005 年的 1.96 上升到 2010 年的 3.27，2005 ~ 2010 年平均为 2.62。具体见表 3 - 32。

表 3 - 32　2005 ~ 2010 年中国发达城市资本产出率

城市	2005 年	2006 年	2007 年	2008 年	2009 年	2010 年	平均	2010 年比 2005 年增长
北京	0.71	0.75	0.81	0.85	0.89	0.93	0.82	30.54%
天津	0.83	0.91	0.99	1.08	1.16	1.24	1.03	50.59%
上海	0.71	0.77	0.87	0.93	0.98	1.06	0.89	49.14%
广州	1.61	1.79	2.01	2.21	2.38	2.60	2.10	62.12%
深圳	1.96	2.22	2.50	2.76	2.99	3.27	2.62	66.20%

（十一）通货膨胀率

本书选取通货膨胀率指标来衡量通货膨胀率变动情况，通货膨胀率指标即通货膨胀率的倒数。中国发达城市通货膨胀率指标 2005 ~ 2010 年平均最高的是上海市，为 0.38，与 2005 年相比，2010 年中国各发达城市通货膨胀率指标全部出现不同程度的下降。具体情况为，北京市通货膨胀率指标 2010 年比 2005 年下降了 26.47%，从 2005 年的 0.40 下降到 2010 年的 0.29，2005 ~ 2010 年平均为 0.35；天津市通货膨胀率指标 2010 年比 2005 年下降了 44.44%，从 2005 年的 0.40 下降到 2010 年的 0.22，2005 ~ 2010 年平均为 0.31；上海市通货膨胀率指标 2010 年比 2005 年下降了 51.22%，从 2005 年的 0.50 下降到 2010 年的 0.24，2005 ~ 2010 年平均为 0.38；广州市通货膨胀率指标 2010 年比 2005 年下降了 49.44%，从 2005 年的 0.40 下降到 2010 年的 0.20，2005 ~ 2010 年平均为 0.26；深圳市通货膨胀率指标 2010 年比 2005 年下降了 42.22%，从 2005 年的 0.38 下降到 2010 年的 0.22，2005 ~ 2010 年平均为 0.28。具体见表 3 - 33。

表 3 – 33　2005～2010 年中国发达城市通货膨胀率指标

城市	2005 年	2006 年	2007 年	2008 年	2009 年	2010 年	平均	2010 年比 2005 年增长
北京	0.40	0.53	0.29	0.16	0.40	0.29	0.35	(26.47%)
天津	0.40	0.40	0.19	0.16	0.50	0.22	0.31	(44.44%)
上海	0.50	0.45	0.24	0.15	0.71	0.24	0.38	(51.22%)
广州	0.40	0.30	0.23	0.15	0.29	0.20	0.26	(49.44%)
深圳	0.38	0.31	0.20	0.14	0.43	0.22	0.28	(42.22%)

注：表中带括号的数据为负值。

（十二）土地产出率

中国发达城市土地产出率 2005～2010 年平均最高的是上海市，为 5.06 亿元/平方公里，与 2005 年相比，2010 年土地产出率增长最快的是深圳市，增幅为 60.01%。具体情况为，北京市土地产出率 2010 年比 2005 年增长了 45.47%，从 2005 年的 1.87 亿元/平方公里增长到 2010 年的 2.72 亿元/平方公里，2005～2010 年平均为 2.30 亿元/平方公里；天津市土地产出率 2010 年比 2005 年增长了 57.81%，从 2005 年的 2.66 亿元/平方公里增长到 2010 年的 4.19 亿元/平方公里，2005～2010 年平均为 3.39 亿元/平方公里；上海市土地产出率 2010 年比 2005 年增长了 55.74%，从 2005 年的 4.01 亿元/平方公里增长到 2010 年的 6.24 亿元/平方公里，2005～2010 年平均为 5.06 亿元/平方公里；广州市土地产出率 2010 年比 2005 年上升了 45.49%，从 2005 年的 3.05 亿元/平方公里上升到 2010 年的 4.44 亿元/平方公里，2005～2010 年平均为 3.68 亿元/平方公里；深圳市土地产出率 2010 年比 2005 年上升了 60.01%，从 2005 年的 3.24 亿元/平方公里上升到 2010 年的 5.19 亿元/平方公里，2005～2010 年平均为 4.23 亿元/平方公里。具体见表 3 – 34。

表 3 - 34　2005 ~ 2010 年中国发达城市土地产出率

单位：亿元/平方公里

城市	2005 年	2006 年	2007 年	2008 年	2009 年	2010 年	平均	2010 年比 2005 年增长
北京	1.87	2.04	2.22	2.38	2.55	2.72	2.30	45.47%
天津	2.66	2.99	3.26	3.39	3.83	4.19	3.39	57.81%
上海	4.01	4.31	4.82	5.28	5.72	6.24	5.06	55.74%
广州	3.05	3.30	3.52	3.73	4.02	4.44	3.68	45.49%
深圳	3.24	3.75	4.05	4.41	4.73	5.19	4.23	60.01%

（十三）贸易依存度

中国发达城市贸易依存度 2005 ~ 2010 年平均最高的是深圳市，为 0.027%。具体情况为，北京市贸易依存度 2010 年比 2005 年下降了 0.001 个百分点，2005 ~ 2010 年平均为 0.015%；天津市贸易依存度 2010 年比 2005 年下降了 0.006 个百分点，从 2005 年的 0.013% 下降到 2010 年的 0.006%，2005 ~ 2010 年平均为 0.010%；上海市贸易依存度 2010 年比 2005 年下降了 0.002 个百分点，从 2005 年的 0.017% 下降到 2010 年的 0.015%，2005 ~ 2010 年平均为 0.016%；广州市贸易依存度 2010 年比 2005 年下降了 0.004 个百分点，从 2005 年的 0.016% 下降到 2010 年的 0.012%，2005 ~ 2010 年平均为 0.014%；深圳市贸易依存度 2010 年比 2005 年下降了 0.010 个百分点，从 2005 年的 0.030% 下降到 2010 年的 0.020%，2005 ~ 2010 年平均为 0.027%。具体见表 3 - 35。

（十四）人均收入增长

中国发达城市人均收入增长率 2005 ~ 2010 年平均最高的是上海市，为 16.86%，2010 年比 2005 年增长最快的是天津市，增幅为 3.68 个百分点，其他 4 个城市的人均收入增长率 2010 年均比 2005 年有不同程度的下降。具体情况为，北京市人均收入增长率 2010 年比 2005 年下降了 3.50

表3－35　2005～2010年中国发达城市贸易依存度

单位：%

城市	2005年	2006年	2007年	2008年	2009年	2010年	平均	2010年比2005年增长
北京	0.015	0.016	0.016	0.018	0.012	0.015	0.015	(0.001)个百分点
天津	0.013	0.013	0.012	0.009	0.006	0.006	0.010	(0.006)个百分点
上海	0.017	0.018	0.018	0.016	0.013	0.015	0.016	(0.002)个百分点
广州	0.016	0.016	0.015	0.013	0.011	0.012	0.014	(0.004)个百分点
深圳	0.030	0.033	0.032	0.027	0.023	0.020	0.027	(0.010)个百分点

注：①表中带括号的数据为负值。
②贸易依存度为折算为人民币的进出口总额与GDP的比。

个百分点，从2005年的12.29%下降到2010年的8.79%，2005～2010年平均为14.87%；天津市人均收入增长率2010年比2005年增长了3.68个百分点，从2005年的9.04%上升到2010年的12.72%，2005～2010年平均为12.80%；上海市人均收入增长率2010年比2005年下降了14.81个百分点，从2005年的32.72%下降到2010年的17.91%，2005～2010年平均为16.86%；广州市人均收入增长率2010年比2005年下降了20.17个百分点，从2005年的13.69%下降到2010年的－6.47%，2005～2010年平均为8.87%；深圳市人均收入增长率2010年比2005年下降了20.52个百分点，从2005年的21.02%下降到2010年的0.49%，2005～2010年平均为13.89%。具体见表3－36。

表3－36　2005～2010年中国发达城市人均收入增长率

单位：%

城市	2005年	2006年	2007年	2008年	2009年	2010年	平均	2010年比2005年增长
北京	12.29	15.82	17.60	25.30	9.43	8.79	14.87	(3.50)个百分点
天津	9.04	12.82	19.41	15.90	6.90	12.72	12.80	3.68个百分点
上海	32.72	－3.64	25.32	16.61	12.24	17.91	16.86	(14.81)个百分点
广州	13.69	7.79	16.37	12.21	9.65	－6.47	8.87	(20.17)个百分点
深圳	21.02	17.41	14.45	16.19	13.76	0.49	13.89	(20.52)个百分点

注：表中带括号的数据为负值。

（十五）万元 GDP 能耗

本书用万元 GDP 能耗指标（即万元 GDP 能耗的倒数）来衡量万元
GDP 的变动情况。中国发达城市万元 GDP 能耗指标 2010 年比 2005 增长
最快的是北京市，增幅为 43.15%。具体情况为，北京市万元 GDP 能耗
指标 2010 年比 2005 年上升了 43.15%，从 2005 年的 0.46 万元/吨上升
到 2010 年的 0.65 万元/吨，2005～2010 年平均为 0.55 万元/吨；天津
市万元 GDP 能耗指标 2010 年比 2005 年上升了 33.52%，从 2005 年的
0.43 万元/吨上升到 2010 年的 0.58 万元/吨，2005～2010 年平均为
0.51 万元/吨；上海市万元 GDP 能耗指标 2010 年比 2005 年上升了
32.32%，从 2005 年的 0.51 万元/吨上升到 2010 年的 0.68 万元/吨，
2005～2010 年平均为 0.59 万元/吨；广州市万元 GDP 能耗指标 2010 年
比 2005 年上升了 35.06%，从 2005 年的 0.63 万元/吨上升到 2010 年的
0.86 万元/吨，2005～2010 年平均为 0.73 万元/吨；深圳市万元 GDP 能
耗指标 2010 年比 2005 年上升了 35.06%，从 2005 年的 0.63 万元/吨上
升到 2010 年的 0.86 万元/吨，2005～2010 年平均为 0.73 万元/吨。具
体见表 3－37。

表 3－37　2005～2010 年中国发达城市万元 GDP 能耗指标

单位：万元/吨

城市	2005 年	2006 年	2007 年	2008 年	2009 年	2010 年	平均	2010 年比 2005 年增长
北京	0.46	0.48	0.52	0.56	0.65	0.65	0.55	43.15%
天津	0.43	0.45	0.48	0.51	0.58	0.58	0.51	33.52%
上海	0.51	0.53	0.57	0.59	0.68	0.68	0.59	32.32%
广州	0.63	0.65	0.67	0.70	0.86	0.86	0.73	35.06%
深圳	0.63	0.65	0.67	0.70	0.86	0.86	0.73	35.06%

注：①表中带括号的数据为负值。
②由于数据缺失，广州和深圳用广东省万元 GDP 能耗指标。

（十六）每万劳动力中研发人员数

中国发达城市每万劳动力研发人员数 2005～2010 年平均最高的是北京市，为 401.0 人，2010 年比 2005 年每万劳动力研发人员数增长最快的是上海市，增幅为 57.12%。具体情况为，北京市每万劳动力研发人员数 2010 年比 2005 年下降了 3.42%，从 2005 年的 416.3 人下降到 2010 年的 402.1 人，2005～2010 年平均为 401.0 人；天津市每万劳动力研发人员数 2010 年比 2005 年下降了 2.72%，从 2005 年的 24.1 人下降到 2010 年的 23.5 人，2005～2010 年平均为 24.0 人；上海市每万劳动力研发人员数 2010 年比 2005 年上升了 57.12%，从 2005 年的 229.8 人上升到 2010 年的 361.1 人，2005～2010 年平均为 284.2 人；广州市每万劳动力研发人员数 2010 年比 2005 年下降了 30.98%，从 2005 年的 19.0 人下降到 2010 年的 13.1 人，2005～2010 年平均为 16.5 人；深圳市每万劳动力研发人员数 2010 年比 2005 年增长了 20.50%，从 2005 年的 260.8 人增长到 2010 年的 314.2 人，2005～2010 年平均为 276.7 人。具体见表 3 - 38。

表 3 - 38　2005～2010 年中国发达城市每万劳动力中研发人员数

单位：人

城市	2005 年	2006 年	2007 年	2008 年	2009 年	2010 年	平均	2010 年比 2005 年增长
北京	416.3	376.8	405.2	383.5	422.3	402.1	401.0	（3.42%）
天津	24.1	24.5	24.7	22.8	24.4	23.5	24.0	（2.72%）
上海	229.8	231.7	260.0	257.6	364.8	361.1	284.2	57.12%
广州	19.0	18.3	17.7	16.3	14.4	13.1	16.5	（30.98%）
深圳	260.8	233.6	267.2	262.5	322.0	314.2	276.7	20.50%

注：①表中带括号的数据为负值。
②深圳的每万劳动力中研发人员数出现异常，取发达城市平均值。

（十七）基尼系数

本书选取基尼系数指标（即基尼系数的倒数）来衡量基尼系数的变

动情况。中国发达城市基尼系数指标 2005～2010 年平均最高的是北京市，为 3.437，2010 年比 2005 年改善最快的是广州市，增幅为 23.49%。具体情况为，北京市基尼系数指标 2010 年比 2005 年下降了 0.73%，从 2005 年的 3.549 下降到 2010 年的 3.523，2005～2010 年平均为 3.437；天津市基尼系数指标 2010 年比 2005 年上升了 12.16%，从 2005 年的 2.383 上升到 2010 年的 2.673，2005～2010 年平均为 2.509；上海市基尼系数指标 2010 年比 2005 年上升了 7.32%，从 2005 年的 3.240 上升到 2010 年的 3.477，2005～2010 年平均为 3.332；广州市基尼系数指标 2010 年比 2005 年上升了 23.49%，从 2005 年的 2.919 上升到 2010 年的 3.605，2005～2010 年平均为 3.231；深圳市基尼系数指标 2010 年比 2005 年上升了 1.21%，从 2005 年的 2.297 上升到 2010 年的 2.325，2005～2010 年平均为 2.364。具体见表 3 – 39。

表 3 – 39　2005～2010 年中国发达城市基尼系数指标

城市	2005 年	2006 年	2007 年	2008 年	2009 年	2010 年	平均	2010 年比 2005 年增长
北京	3.549	3.565	3.566	3.172	3.248	3.523	3.437	(0.73%)
天津	2.383	2.509	2.467	2.461	2.564	2.673	2.509	12.16%
上海	3.240	3.243	3.357	3.308	3.371	3.477	3.332	7.32%
广州	2.919	3.012	3.225	3.173	3.449	3.605	3.231	23.49%
深圳	2.297	2.524	2.381	2.392	2.268	2.325	2.364	1.21%

注：表中带括号的数据为负值。

（十八）R&D

本书以 R&D 经费占 GDP 的比重来衡量 R&D 的情况。中国发达城市 R&D 经费占 GDP 的比重 2005～2010 年平均最高的是北京市，为 5.74%，2010 年比 2005 年增长最快的是上海市，增幅为 0.47 个百分点。具体情况为，北京市 R&D 经费占 GDP 的比重 2010 年比 2005 年上升了0.30个百分点,从2005年的5.61%上升到2010年的5.91%,2005~2010年平均为5.74%;天津市R&D经费占GDP的比重2010年比2005年增长了0.03个百分点,从2005年的0.44%上升到2010年的0.47%,2005~2010年平均为0.46%;上海市R&D经费占GDP的比重2010年比2005年上升了0.47个百分点,从2005年的2.36%上升到2010年的2.83%,2005~2010年平均为2.63%;广州市R&D经费占GDP的比重2010年比2005年下降了0.41个百分点,从2005年的0.70%下降到2010年的0.29%,2005~2010年平均为0.61%;深圳市R&D经费占GDP的比重2010年比2005年上升了0.35个百分点,从2005年的3.24%上升到2010年的3.59%,2005~2010年平均为3.39%。具体见表3-40。

表3-40 2005~2010年中国发达城市R&D经费占GDP的比

单位:%

城市	2005年	2006年	2007年	2008年	2009年	2010年	平均	2010年比2005年增长
北京	5.61	5.60	5.72	6.01	5.58	5.91	5.74	0.30个百分点
天津	0.44	0.43	0.46	0.50	0.45	0.47	0.46	0.03个百分点
上海	2.36	2.52	2.55	2.67	2.85	2.83	2.63	0.47个百分点
广州	0.70	0.67	0.67	0.61	0.69	0.29	0.61	(0.41)个百分点
深圳	3.24	3.21	3.31	3.39	3.60	3.59	3.39	0.35个百分点

注:①表中带括号的数据为负值。
②深圳的R&D金额异常,取发达城市平均值。

(十九) 公共服务覆盖率

中国发达城市公共服务覆盖率2005~2010年平均最高的是深圳市,为42.86%,2010年比2005年增长最快的也是深圳市,增幅为27.32个百分点。具体情况为,北京市公共服务覆盖率2010年比2005年上升了18.67个百分点,从2005年的30.85%上升到2010年的49.52%,2005~

2010 年平均为 41.53%；天津市公共服务覆盖率 2010 年比 2005 年增长了 10.74 个百分点，从 2005 年的 25.22% 上升到 2010 年的 35.96%，2005～ 2010 年平均为 29.19%；上海市公共服务覆盖率 2010 年比 2005 年上升了 8.33 个百分点，从 2005 年的 34.69% 上升到 2010 年的 43.02%，2005～ 2010 年平均为 39.38%；广州市公共服务覆盖率 2010 年比 2005 年上升了 13.15 个百分点，从 2005 年的 21.54% 上升到 2010 年的 34.68%，2005～ 2010 年平均为 29.88%；深圳市公共服务覆盖率 2010 年比 2005 年上升了 27.32 个百分点，从 2005 年的 25.31% 上升到 2010 年的 52.64%，2005～ 2010 年平均为 42.86%。具体见表 3－41。

表 3－41　2005～2010 年中国发达城市公共服务覆盖率

单位：%

城市	2005 年	2006 年	2007 年	2008 年	2009 年	2010 年	平均	2010 年比 2005 年增长
北京	30.85	36.85	40.12	43.65	48.20	49.52	41.53	18.67 个百分点
天津	25.22	27.01	27.62	27.80	31.54	35.96	29.19	10.74 个百分点
上海	34.69	38.57	38.53	38.96	42.52	43.02	39.38	8.33 个百分点
广州	21.54	25.82	29.12	31.37	36.78	34.68	29.88	13.15 个百分点
深圳	25.31	30.48	46.85	50.24	51.63	52.64	42.86	27.32 个百分点

注：公共服务覆盖率为基本养老保险覆盖率、基本医疗保险覆盖率、失业保险率覆盖率的几何平均。

（二十）地方税收增长

中国发达城市地方税收增长 2005～2010 年平均最高的是天津市，为 27.86%，2010 年比 2005 年增长最快的是广州市，增幅为 1.69 个百分点，其他 4 个城市的地方税收增长均有所下降。具体情况为，北京市地方税收增长 2010 年比 2005 年下降了 8.12 个百分点，从 2005 年的 24.25% 下降到 2010 年的 16.13%，2005～2010 年平均为 21.52%；天津市地方税收增长 2010 年比 2005 年下降了 5.21 个百分点，从 2005 年的 34.77% 下降到

2010 年的 29.56%，2005～2010 年平均为 27.86%；上海市地方税收增长
2010 年比 2005 年下降了 13.30 个百分点，从 2005 年的 26.36% 下降到
2010 年的 13.06%，2005～2010 年平均为 17.34%；广州市地方税收增长
2010 年比 2005 年上升了 1.69 个百分点，从 2005 年的 22.38% 上升到
2010 年的 24.06%，2005～2010 年平均为 18.94%；深圳市地方税收增长
2010 年比 2005 年下降了 0.18 个百分点，从 2005 年的 25.84% 下降到
2010 年的 25.66%，2005～2010 年平均为 22.67%。具体见表 3－42。

表 3－42　2005～2010 年中国发达城市地方税收增长

单位：%

城市	2005 年	2006 年	2007 年	2008 年	2009 年	2010 年	平均	2010 年比 2005 年增长
北京	24.25	21.69	33.60	23.27	10.21	16.13	21.52	(8.12) 个百分点
天津	34.77	26.19	30.07	24.86	21.72	29.56	27.86	(5.21) 个百分点
上海	26.36	11.57	31.70	13.66	7.71	13.06	17.34	(13.30) 个百分点
广州	22.38	14.62	22.07	18.10	12.40	24.06	18.94	1.69 个百分点
深圳	25.84	21.46	31.38	21.63	10.05	25.66	22.67	0.18 个百分点

注：表中带括号的数据为负值。

（二十一）资本形成占 GDP 的比重（资本形成/GDP）

中国发达城市资本形成占 GDP 的比重 2005～2010 年平均最高的是天
津市，为 67.01%，2010 年比 2005 年增长最快的也是天津市，增幅为
22.90 个百分点，广州市上升了 1.74 个百分点，其他 3 个城市均有所下
降。具体情况为，北京市资本形成占 GDP 的比重 2010 年比 2005 年下降
了 9.07 个百分点，从 2005 年的 52.93% 下降到 2010 年的 43.85%，
2005～2010 年平均为 47.85%；天津市资本形成占 GDP 的比重 2010 年比
2005 年上升了 22.90 个百分点，从 2005 年的 57.44% 上升到 2010 年的
80.34%，2005～2010 年平均为 67.01%；上海市资本形成占 GDP 的比重

2010 年比 2005 年下降了 2.93 个百分点，从 2005 年的 46.58% 下降到 2010 年的 43.65%，2005～2010 年平均为 45.99%；广州市资本形成占 GDP 的比重 2010 年比 2005 年上升了 1.74 个百分点，从 2005 年的 36.49% 上升到 2010 年的 38.23%，2005～2010 年平均为 36.74%；深圳市资本形成占 GDP 的比重 2010 年比 2005 年下降了 2.86 个百分点，从 2005 年的 33.18% 下降到 2010 年的 30.32%，2005～2010 年平均为 30.06%。具体见表 3-43。

表 3-43 2005～2010 年中国发达城市资本形成占 GDP 的比重

单位：%

城市	2005 年	2006 年	2007 年	2008 年	2009 年	2010 年	平均	2010 年比 2005 年增长
北京	52.93	51.32	48.85	46.24	43.90	43.85	47.85	(9.07) 个百分点
天津	57.44	57.92	60.93	67.79	77.67	80.34	67.01	22.90 个百分点
上海	46.58	47.51	47.40	45.31	45.48	43.65	45.99	(2.93) 个百分点
广州	36.49	37.38	35.38	36.07	36.88	38.23	36.74	1.74 个百分点
深圳	33.18	31.20	28.39	26.21	31.02	30.32	30.06	(2.86) 个百分点

注：表中带括号的数据为负值。

（二十二）增长波动率

本书以 GDP 增长波动率指标（即 GDP 增长波动率的倒数）来衡量增长波动率变化情况。中国发达城市 GDP 增长波动率指标 2005～2010 年平均最高的是天津市，为 0.96，2010 年比 2005 年改善幅度最大的是深圳市，增幅为 19.65%。具体情况为，北京市 GDP 增长波动率指标 2010 年比 2005 年增长了 13.08%，从 2005 年的 0.88 增长到 2010 年的 0.99，2005～2010 年平均为 0.89；天津市 GDP 增长波动率指标 2010 年比 2005 年增长了 0.23%，2005～2010 年平均为 0.96；上海市 GDP 增长波动率指标 2010 年比 2005 年下降了 4.69%，从 2005 年的 0.84 下降到 2010 年的

0.80，2005～2010年平均为0.83；广州市GDP增长波动率指标2010年比2005年下降了1.41%，从2005年的0.89下降到2010年的0.88，2005～2010年平均为0.90；深圳市GDP增长波动率指标2010年比2005年上升了19.65%，从2005年的0.73上升到2010年的0.88，2005～2010年平均为0.86。具体见表3－44。

表3－44　2005～2010年中国发达城市GDP增长波动率指标

城市	2005年	2006年	2007年	2008年	2009年	2010年	平均	2010年比2005年增长
北京	0.88	0.93	0.90	0.73	0.89	0.99	0.89	13.08%
天津	0.95	0.99	0.95	0.94	1.00	0.95	0.96	0.23%
上海	0.84	0.90	0.84	0.73	0.87	0.80	0.83	（4.69%）
广州	0.89	0.86	0.98	0.85	0.94	0.88	0.90	（1.41%）
深圳	0.73	0.91	0.91	0.85	0.89	0.88	0.86	19.65%

注：表中带括号的数为负值。

（二十三）基础设施指数

中国发达城市基础设施指数2005～2010年平均最高的是北京市，为4.59，2010年比2005年改善最快的是深圳市，增幅为3.74%，其他城市的基础设施指数均出现不同程度的恶化。具体情况为，北京市基础设施指数2010年比2005年下降了24.77%，从2005年的5.51下降到2010年的4.14，2005～2010年平均为4.59；天津市基础设施指数2010年比2005年下降了7.37%，从2005年的2.61下降到2010年的2.41，2005～2010年平均为2.51；上海市基础设施指数2010年比2005年下降了18.38%，从2005年的4.15下降到2010年的3.39，2005～2010年平均为3.73；广州市基础设施指数2010年比2005年下降了0.34%，从2005年的3.87下降到2010年的3.86，2005～2010年平均为3.90；深圳市基础设施指数2010年比2005年上升了3.74%，从 2005 年的 3.37 上升到 2010 年的 3.50，2005～2010 年平均为 3.67。具体见表 3－45。

表 3－45　2005～2010 年中国发达城市基础设施指数

城市	2005 年	2006 年	2007 年	2008 年	2009 年	2010 年	平均	2010 年比 2005 年增长
北京	5.51	4.70	4.41	4.31	4.47	4.14	4.59	（24.77%）
天津	2.61	2.53	2.44	2.64	2.43	2.41	2.51	（7.37%）
上海	4.15	4.09	3.70	3.55	3.52	3.39	3.73	（18.38%）
广州	3.87	3.60	3.84	3.93	4.30	3.86	3.90	（0.34%）
深圳	3.37	3.77	3.78	3.78	3.79	3.50	3.67	3.74%

注：①表中带括号的数为负值。
②基础设施指数为万人拥有医生、万人床位数、万人医院数、人均液化石油气家庭用量、万人影剧院数、万人实有出租车数、每公共汽电车客运总数、万人公共汽电车数量、人均铺装道路面积、人均供水量的几何平均。

（二十四）建成区与规划区比重

本书以建成区与规划区的比重指标（即建成区与规划区比重的倒数）来衡量建成区与规划区比重的变化情况。中国发达城市建成区与规划区的比重指标 2005～2010 年平均最高的是天津市，为 12.30，5 个发达城市的建成区与规划区的比重指标均出现不同程度的恶化。具体情况为，北京市建成区与规划区的比重指标 2010 年比 2005 年下降了 15.23%，从 2005 年的 10.31 下降到 2010 年的 8.74，2005～2010 年平均为 9.46；天津市建成区与规划区的比重指标 2010 年比 2005 年下降了 25.43%，从 2005 年的 14.00 下降到 2010 年的 10.44，2005～2010 年平均为 12.30；上海市建成区与规划区的比重指标 2010 年比 2005 年下降了 27.81%，从 2005 年的 7.98 下降到 2010 年的 5.76，2005～2010 年平均为 6.20；广州市建成区与规划区的比重指标 2010 年比 2005 年下降了 22.80%，从 2005 年的 5.23 下降到 2010 年的 4.04，2005～2010 年平均

为 4.53；深圳市建成区与规划区的比重指标 2010 年比 2005 年下降了
12.34%，从 2005 年的 2.74 下降到 2010 年的 2.40，2005～2010 年平均
为 2.56。具体见表3－46。

表 3－46　2005～2010 年中国发达城市建成区与规划区的比重指标

城市	2005 年	2006 年	2007 年	2008 年	2009 年	2010 年	平均	2010 年比 2005 年增长
北京	10.31	9.94	9.45	9.30	9.03	8.74	9.46	(15.23%)
天津	14.00	13.74	12.94	11.54	11.18	10.44	12.30	(25.43%)
上海	7.98	5.99	5.82	5.82	5.82	5.76	6.20	(27.81%)
广州	5.23	4.93	4.55	4.29	4.15	4.04	4.53	(22.80%)
深圳	2.74	2.71	2.56	2.48	2.45	2.40	2.56	(12.34%)

注：表中带括号的数为负值。

（二十五）房价收入比

本书以房价收入比指标（即房价收入比的倒数）来衡量房价收入比
的变化情况。中国发达城市房价收入比指标 2005～2010 年平均最高的是
北京市，为 1.32，5 个发达城市的房价收入比指标均出现不同程度的恶
化。具体情况为，北京市房价收入比指标 2010 年比 2005 年下降了
8.34%，从 2005 年的 1.43 下降到 2010 年的 1.31，2005～2010 年平均为
1.32；天津市房价收入比指标 2010 年比 2005 年下降了 0.57%，从 2005
年的 0.95 下降到 2010 年的 0.94，2005～2010 年平均为 0.94；上海市房
价收入比指标 2010 年比 2005 年下降了 16.22%，从 2005 年的 0.84 下降
到 2010 年的 0.70，2005～2010 年平均为 0.81；广州市房价收入比指标
2010 年比 2005 年下降了 10.99%，从 2005 年的 1.24 下降到 2010 年的
1.10，2005～2010 年平均为 1.09；深圳市房价收入比指标 2010 年比 2005
年下降了 16.93%，从 2005 年的 0.91 下降到 2010 年的 0.75，2005～2010
年平均为 0.77。具体见表 3－47。

表 3 - 47　2005～2010 年中国发达城市房价收入比指标

城市	2005 年	2006 年	2007 年	2008 年	2009 年	2010 年	平均	2010 年比 2005 年增长
北京	1.43	1.36	1.14	1.33	1.31	1.31	1.32	（8.34%）
天津	0.95	0.91	0.89	1.00	0.93	0.94	0.94	（0.57%）
上海	0.84	0.77	0.83	0.99	0.71	0.70	0.81	（16.22%）
广州	1.24	1.09	0.96	1.02	1.10	1.10	1.09	（10.99%）
深圳	0.91	0.81	0.64	0.77	0.76	0.75	0.77	（16.93%）

注：表中带括号的数为负值。

（二十六）人类发展指数（HDI）

中国发达城市人类发展指数 2005～2010 年平均最高的是上海市，为 0.867，2010 年比 2005 年改善幅度最大的是天津市，增幅为 9.02%。具体情况为，北京市人类发展指数 2010 年比 2005 年上升了 7.39%，从 2005 年的 0.822 上升到 2010 年的 0.883，2005～2010 年平均为 0.856；天津市人类发展指数 2010 年比 2005 年上升了 9.02%，从 2005 年的 0.795 上升到 2010 年的 0.866，2005～2010 年平均为 0.831；上海市人类发展指数 2010 年比 2005 年上升了 6.56%，从 2005 年的 0.838 上升到 2010 年的 0.893，2005～2010 年平均为 0.867；广州市人类发展指数 2010 年比 2005 年上升了 5.89%，从 2005 年的 0.808 上升到 2010 年的 0.855，2005～2010 年平均为 0.837；深圳市人类发展指数 2010 年比 2005 年上升了 5.78%，从 2005 年的 0.819 上升到 2010 年的 0.866，2005～2010 年平均为 0.847。具体见表 3 - 48。

（二十七）政府收入稳定

中国发达城市政府收入稳定 2005～2010 年平均最高的是天津市，为 0.81，2010 年比 2005 年改善幅度最大的是广州市，增幅为 74.78%，北京市和上海市在政府收入稳定方面有所恶化。具体情况为，北京市政府收

表 3 – 48　2005 ~ 2010 年中国发达城市人类发展指数

城市	2005 年	2006 年	2007 年	2008 年	2009 年	2010 年	平均	2010 年比 2005 年增长
北京	0.822	0.835	0.852	0.865	0.877	0.883	0.856	7.39%
天津	0.795	0.809	0.821	0.842	0.854	0.866	0.831	9.02%
上海	0.838	0.848	0.863	0.876	0.883	0.893	0.867	6.56%
广州	0.808	0.820	0.834	0.848	0.856	0.855	0.837	5.89%
深圳	0.819	0.831	0.845	0.859	0.863	0.866	0.847	5.78%

注：人类发展指数为预期寿命指数、教育指数、人均 GDP 指数的几何平均。

入稳定 2010 年比 2005 年下降了 32.09%，从 2005 年的 0.94 下降到 2010 年的 0.64，2005 ~ 2010 年平均为 0.76；天津市政府收入稳定 2010 年比 2005 年上升了 62.24%，从 2005 年的 0.55 上升到 2010 年的 0.89，2005 ~ 2010 年平均为 0.81；上海市政府收入稳定 2010 年比 2005 年下降了 20.93%，从 2005 年的 0.88 下降到 2010 年的 0.70，2005 ~ 2010 年平均为 0.65；广州市政府收入稳定 2010 年比 2005 年上升了 74.78%，从 2005 年的 0.44 上升到 2010 年的 0.76，2005 ~ 2010 年平均为 0.70；深圳市政府收入稳定 2010 年比 2005 年上升了 32.73%，从 2005 年的 0.49 上升到 2010 年的 0.65，2005 ~ 2010 年平均为 0.68。具体见表 3 – 49。

表 3 – 49　2005 ~ 2010 年中国发达城市政府收入稳定

城市	2005 年	2006 年	2007 年	2008 年	2009 年	2010 年	平均	2010 年比 2005 年增长
北京	0.94	0.90	0.65	0.76	0.64	0.64	0.76	(32.09%)
天津	0.55	0.80	0.87	0.85	0.89	0.89	0.81	62.24%
上海	0.88	0.64	0.36	0.64	0.70	0.70	0.65	(20.93%)
广州	0.44	0.74	0.66	0.85	0.76	0.76	0.70	74.78%
深圳	0.49	0.86	0.68	0.76	0.65	0.65	0.68	32.73%

注：①表中带括号的数为负值。
②政府收入稳定为地方财政收入增长波动率。

（二十八）环境指数

中国发达城市环境指数 2005~2010 年平均最高的是深圳市，为 1.155，2010 年比 2005 年改善幅度最大的是北京市，增幅为 19.64%。具体情况为，北京市环境指数 2010 年比 2005 年上升了 19.64%，从 2005 年的 0.815 上升到 2010 年的 0.975，2005~2010 年平均为 0.867；天津市环境指数 2010 年比 2005 年下降了 0.82%，从 2005 年的 0.743 下降到 2010 年的 0.736，2005~2010 年平均为 0.664；上海市环境指数 2010 年比 2005 年上升了 13.66%，从 2005 年的 0.809 上升到 2010 年的 0.919，2005~2010 年平均为 0.855；广州市环境指数 2010 年比 2005 年上升了 9.77%，从 2005 年的 0.861 上升到 2010 年的 0.945，2005~2010 年平均为 0.911；深圳市环境指数 2010 年比 2005 年上升了 4.99%，从 2005 年的 1.111 上升到 2010 年的 1.166，2005~2010 年平均为 1.155。具体见表 3-50。

表 3-50　2005~2010 年中国发达城市环境指数

城市	2005 年	2006 年	2007 年	2008 年	2009 年	2010 年	平均	2010 年比 2005 年增长
北京	0.815	0.842	0.807	0.795	0.971	0.975	0.867	19.64%
天津	0.743	0.433	0.675	0.666	0.733	0.736	0.664	（0.82%）
上海	0.809	0.854	0.844	0.797	0.909	0.919	0.855	13.66%
广州	0.861	0.892	0.912	0.870	0.987	0.945	0.911	9.77%
深圳	1.111	1.131	1.138	1.184	1.203	1.166	1.155	4.99%

注：①表中带括号的数为负值。
②环境指数为人均公共绿地、空气质量、城市噪音的几何平均。

第四章

结论及政策建议

第一节　结论

本书通过对发达国家和发展中国家经济发展的经验研究，在国内外现代化指标的基础上，结合中国发达城市实际，将中国发达城市转型升级分为 5 个一级指标，并选取了 28 个具体指标，利用 2005～2010 年的数据，采用层次分析法对上海转型升级进行更进一步的系统量化研究。通过对国内、国际的转型比较研究，我们主要得出如下结论。

（一）转型发展的一般规律——理论与国际视角

（1）转型发展可以理解为人类社会生产方式和生活方式的重大结构转变。纵观发达国家数个世纪来的经济发展过程，其经历了原始积累、大工业、集约管理和知识创新型 4 个阶段和重大转型，具有如下典型特征。①经济发展的动力表现为“劳动力投入—资本积累—集约管理—知识创新”的演化路径；②主导的产业结构经历了“农业—工业—服务业”的变化过程；③与不同阶段相适应的是政府角色从要素积累阶段的“直接数量型干预”，到集约化阶段的“市场化价格调节”，再到创新阶段的“扩大与人口质量相关的公共支出”的转化。在经过原始积累和大工业两个古典增长阶段的非均衡赶超竞赛后，主要发达国家相继在 20 世纪初开始进入了集约管理的现代增长阶段，直至今日基本都走上了创新和结构均衡的平衡发展道路。

（2）结构转变从供需两方面看主要表现为两大事实或法则。①恩格尔定律。即食品在个人消费中所占份额不断下降的趋势。随着经济增长，各种产品的消费量变化不平衡，引起经济结构的变化。例如，随着人均收入增长，人们对农产品的相对需求呈下降趋势，而对工业品的需求首先是上升，然后也是下降，并最终让位于服务业。②"库兹涅茨规律"。即农业产值占经济总产值、农业就业占总就业的比重都下降，工业与服务业的比重上升。由于各产业部门的生产技术增长率存在差异，各种产品的生产技术水平变动幅度不同，这造成了各种产品生产成本的变化幅度有差别，并反映到市场相对价格上，从而影响各种产品的产出和部门间的非均衡增长，结构转变也由此产生。一言概之，从非均衡向均衡增长路径的演化也好，从工业向服务业的结构转变也罢，其根本动因从需求方来说是恩格尔定律（需求引致），从供给方来说则是"库兹涅茨规律"（效率驱动）。

（3）进一步分析发达国家的产业转型特征及规律。第一次转型：工业产值及就业比重超过农业部门（工业化或工业社会）；第二次转型：服务业产值及就业比重超过工业部门（城市化或消费社会）。在两次转型中，产值的超越要领先于就业的超越。国际比较表明，最近二三十年，发达国家可能正在经历第三次转型，即服务业部门的扩张和深化发展，带动了工业部门增加值的更快提高（虽然工业就业不一定增加）。

（4）在老牌工业化国家的增长历程中，其工业部门大都经历了一个持续百年的劳动力份额高水平时期（其间工业部门劳动力份额一般在30%甚至更高的水平）。这种工业化就业高峰，法国约持续了100年；英国、德国、瑞士持续超过100年；其他国家也有70~80年的持续期。但日本是一个例外，只有40年的持续时间。

（5）数量分析发现，发达国家的服务业部门比工业部门具有更高的劳动生产率，因此才有了服务业规模的持续扩张、资源的"正确"再配置，以及效率改进所引导的产出和就业"由重向轻"的结构转变。以美国为例，19世纪70年代以来，其第三产业劳动生产率一直高于第二产业，服务业发展沿着高效率的路径"正确"地演进，由此带来了20世纪20年代以来美国服务业的高比重。但伴随着服务业的大规模发展，一个明显的规律是GDP增长率会出现一定程度的下降。其原因是，虽然发达国家服务业比重较大、其劳动生产率也相对较高，但在劳动生产率的增速上，服务业却要相对慢于制造业①，由此带来了总体经济的结构性减速。这也是高收入国家70年来经济增长率一直在低位徘徊的重要原因。

（6）发展中经济体的普遍情形是，为工业化赶超而采取了大量的结构性政策，其结果是经济总量的加速增长效果明显，但有量无质、经济效率低下，且伴随着巨大的结构失衡。当矛盾加剧而不得不转变发展方式时，却很可能为纠正失衡而采取新的扭曲性政策，即用新的失衡来替代旧的失衡：第一种表现是不顾资源、环境约束而过度鼓励发展重化工业（甚至规定要达到多少比例），通过"大干快上"保证第二产业的高增长；第二种表现是违背城市演进和服务业发展的规律，用工业化"大推进"的方法来经营城市和发展服务业；第三种表现是为创新而创新，用政府干预及补贴而非市场竞争主导的方式来人为拔高所谓的创新程度；第四种表现是为公平而过快转向公共福利。这些扭曲性政策的后果，很可能导致更大程度的为动员扩张而集中资源、为某些创新而设置更不平等的发展环境、为政府补贴财政买单而高税负分摊、为维持高投资和财政平衡而引发土地等资产部门价格高涨。除了规模效应明显外，劳动生产率没有实质提

---

① 其机理为，工业部门由于机器的运用，劳动生产率增长迅速，同时随着劳动力被机器由工业挤出至服务业，服务业就业规模上升较快，但其产出效率在一定时期内的增长却没那么快，因此服务业虽然规模扩张，但劳动生产率的增速却可能慢于机器工业部门。

高。原先的"低成本比较优势"逐渐消失，加之新的行政干预和过快增长的财政成本，甚至可能导致经济长期徘徊在"低效率陷阱"之中。

（二）上海市创新转型发展指标研究结论

（1）上海市 2011 年实现的国内生产总值接近 2 万亿元大关，人均GDP 达 12784 美元，跨越了世界银行定义的"上中等收入经济体"的区间上限，并进入到"高收入经济体"区间。如果按照发达国家在 20 世纪70 年代初期第二次产业劳动力比重在 40% ~ 45% 的水平和第三次产业劳动力比重在 50% 的水平的观点，可以认为 2010 年的上海相当于发达国家20 世纪 70 年代初期的发展水平。上海未来一段时期的经济增长将处于规模收益递增（下凹形增长曲线）向收益递减（上凸形增长曲线）演变的关键转折阶段。这一时期也是从"五化"① 齐头并进到注重"五化"质量提升，从要素投入型规模扩张增长向效率驱动的集约和创新型增长过渡的时期。

（2）与国内其他发达城市不同，上海具有高城市化率（90%）、高研发投入、相对低的 GINI 系数、弱二元经济结构等显著特征。根据需求偏好相似理论，上海市的整体需求与消费将逐步与国际上的高收入经济体趋近，消费需求升级、生活质量的提高将成为未来经济发展新的增长点，创新、消费、投资、贸易和金融等都将围绕着与城市生产、生活相关的现代服务业大发展机会而展开，能否抓住这一机会将成为上海经济转型和可持续增长的关键所在。

（3）从产业方面看，①上海市第二产业就业和增长值在总体经济中所占比重符合发达国家"一、二、三"结构转换的特征。②目前发达国家服务业占 GDP 的比重达到 70% ~80% ，而上海的服务业占 GDP 的比重

---

① "五化"即市场化、工业化、城市化、国际化和信息化。

2005～2010 年平均为 54%，2010 年为 57%，离发达国家还有 20 个百分点左右的差距。③就业从第二产业向第三产业的转移要相对慢于产出的转换与超越。目前发达国家第三产业就业比重多达 70%～80%，而上海市 2011 年第三产业就业比重要低于 60%（而产出比重已基本达到 60%），与发达国家有 10～20 个百分点的差距。④与发达国家相比，目前上海市第二产业劳动生产率差距非常大。2005～2010 年上海市第二产业劳动密集度平均为 0.915，刚刚进入发达国家所处的［0.9，1.5］区间，上海市需要进一步提高第二产业的劳动密集度。⑤1990～2010 年上海市第三产业相对劳动生产率（即第三产业劳动生产率与第二产业劳动生产率的比，以第二产业劳动生产率为 1）有下降的趋势，从 1990 年的 1.88 下降到 2010 年的 0.7，自 2002 年开始上海市第三产业相对劳动生产率开始低于 1，2005～2010 年平均为 0.76。而发达国家第三产业劳动生产率要大于或接近于第二产业劳动生产率。

（4）中国发达城市转型升级指标评价结果也证实了上海在创新转型发展方面取得的成绩。例如，上海 2005 年以来的发达城市转型升级指数一直遥遥领先，人类发展指数（HDI）也在国内居前，并基本与发达国家持平。通过转型评价指数及雷达图分析发现，上海市近年来的经济效率有了比较明显的改善，区域的外溢效应有所增强，但是经济稳定性指标的波动性还较大。其他，如服务业比重和效率、可贸易服务业规模等都还有待提高。

第二节　政策建议

通过对发达国家和发展中国家经济发展经验的研究和国内发达城市转型升级的比较，上海未来发展转型升级的策略有如下 4 个方面。

（1）清晰地理解经济增长减速的原因，通过市场化的改革来实现转型升级的机制调整，而不是重新回到产业干预政策的老路上。

（2）效率持续改进应成为上海转型发展的核心目标，推动服务业的贸易水平的提高，将服务延伸到长三角、全国和全球，通过服务业效率的持续改进来提升现代服务业的比重和扩大服务的规模。

（3）保持制造业的优势，提升其人力资本和技术创新是根本，抑制房价过快上涨也很重要，特别应该顺应全球绿色创新的技术进步趋势，通过政府引导创新。

（4）通过金融、税收等手段实现以"效率持续改进推动转型升级"的目标。

近年来，上海以"转型发展、创新驱动"为指引，坚持"五个更加注重"①，减少"四个依赖"②，将转变发展方式的力度、广度和深度作为衡量上海发展水平的重要指标，紧扣把上海建设成为国际金融、航运、贸易和经济中心的"四中心"国家战略，把发展先进的现代服务业作为重要任务来抓。为了营造适合经济转型的市场环境，提出政府首先要转型，通过建设服务型政府，把上海建设成全国行政效能最高、行政透明度最高、行政收费最少的地区③。上海近年来的转型升级实践已经取得持续改进的巨大成就，未来要更加认真地探索以效率持续改善引导转型升级的道路，为国家成功跨越"中等收入陷阱"找到新路径。

---

① "五个注重"是：更加注重稳定增长、更加注重结构调整、更加注重改革开放、更加注重民生保障、更加注重城市安全。

② 减少"四个依赖"是努力减少对重化工业的依赖、对投资拉动的依赖、对房地产发展的依赖、对加工型劳动密集型产业的依赖。

③ 例如，实施市区两级政府机构改革，推进政企分开和政社分开改革。先后开展 4 轮行政审批制度改革，建成市级网上行政审批管理和服务平台，推进了网上并联审批和告知承诺制度。2008 年至今将行政审批从数量到时间削减了 1/3，已调整和清理行政审批事项超过 1000 项，取消和停征行政事业性收费超过 300 项。

|第|五|章|

附　录

第一节　转型升级指标综述

我国经济已经进入由粗放型增长向集约型增长转变的阶段。粗放型经济增长方式的特征是依靠增加生产要素投入来促进经济增长，也即数量型经济增长。集约型经济增长方式的特征是依靠生产要素的有效配置来促进增长，即提高经济增长质量。经济增长不仅包含数量的增长，还要有质量的增长。而在一个相当长的时期内，经济增长理论仅研究经济的数量的增长，而没考虑经济的质量的增长，即经济的可持续发展情况。经济可持续发展水平关系到各省区市乃至全国的发展前景，为了更好地反映发达城市转型升级情况，本书对相关发达城市转型升级指标进行研究。

（一）国内现代化指标研究

国内现代化（可持续发展）指标的相关研究及范例有中国科学院的《中国可持续发展战略报告》、中国社会科学院的《社会指标》、中国科学院的现代化指标、地方政府基本公共服务力指标、广东产业升级指标、江苏现代化指标等。

（1）《中国可持续发展战略报告》提出了一套"五级叠加，逐层收敛，规范权重，统一排序"的可持续发展指标体系。该指标体系分为总体层、系统层、状态层、变量层和要素层 5 个等级。其中，系统层将可持续发展总系统解析为五大子系统——生存支持系统、发展支持系统、环境支持系统、社会支持系统和智力支持系统，变量层共采用了 45 个指数，用要素层的 225 个指标进行定量描述。五大系统有三大系统与自然资源有关。

（2）中国社会科学院 1989 年在《社会指标》中提出的指标体系由人均国民生产总值、社会结构、人口素质、生活质量 4 个部分共 16 项指标组成。①人均国民生产总值；②农业产值在国民生产总值中的比重；③第三产业在国民生产总值中的比重；④出口总额在国民生产总值中的比重；⑤城市人口占总人口的比重；⑥非农业就业人口占就业人口的比重；⑦教育经费占国民生产总值的比重（以上②～⑦项为社会结构）；⑧中学生占 12～17 岁年龄人口的比重；⑨大学生占 20～24 岁年龄人口的比重；⑩人口自然增长率；⑪平均预期寿命；⑫婴儿死亡率（以上⑧～⑫项为人口素质）；⑬平均多少人有一名医生；⑭平均每人每日摄取热量；⑮通货膨胀率；⑯人均能源消费量（以上⑬～⑯项为生活质量）。根据这 16 项指标进行综合评价的结果是 1987 年我国居世界第 70 位，我国的社会发展水平相当于中等偏下水平。

（3）中国科学院的现代化指标含有 3 个"表征集合"，8 个"水平指数"和 35 个"基层指标"（见图 5-1）。8 个"水平指数"具体如下。

1　工业化水平指数

1.1　人均 GDP

1.2　第二产业占 GDP 的"倒 U 形位点"

1.3　非农劳动者占全社会劳动者的比例

1.4　国家基础设施建设的"满足指数"

2　信息化水平指数

2.1　千人拥有的网络用户数

2.2　每百户家庭拥有的电脑数

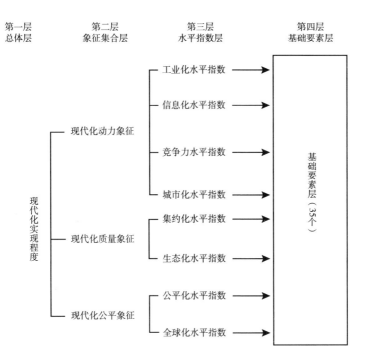

第一层 第二层 第三层 第四层
总体层 象征集合层 水平指数层 基础要素层

图 5-1 中国科学院的现代化指标体系

2.3 宽带建设的"满足指数"

2.4 信息产业产值占 GDP 的比例

2.5 国家"信息能力指数"

3 竞争力水平指数

3.1 R&D 经费占 GDP 比例

3.2 万人拥有的科学家与工程师人数

3.3 万人拥有的发明专利数

3.4 新经济增加值率

3.5 自主知识产权产品的国际市场占有率

4 城市化水平指数

4.1 市镇非农人口占总人口比例

4.2　城市固定资产占全社会固定资产总量比例

4.3　"城市集聚度指数"

4.4　"城市带动度指数"

5　集约化水平指数

5.1　万元 GDP 的能源消耗

5.2　万元 GDP 的水资源消耗

5.3　万元 GDP 的"三废"排放强度

5.4　社会全员劳动生产率

5.5　国家财富"真实储蓄率"

6　生态化水平指数

6.1　森林覆盖率

6.2　环境保护投资占 GDP 比例

6.3　"三废"处理率

6.4　"生态足迹指数"

7　公平化水平指数

7.1　HDI（人类发展指数）

7.2　城乡收入水平差距

7.3　"社会可持续发展度"

7.4　基尼系数

8　全球化水平指数

8.1　出口总量与进口总量之比

8.2　外贸依存度

8.3　外资占本地 GDP 比例

8.4　"国际市场占有率指数"

（4）地方政府基本公共服务力指标见表 5 – 1。

表 5 - 1　地方政府基本公共服务力指标

一级指标	二级指标	三级指标
公共交通	交通工具和设施	每万人口拥有公共汽车数
		每万人口拥有出租汽车数
		人均城市道路面积
公共安全	财政投入	财政投入占 GDP 比重
		人均财政投入
住房保障	保障性住房建设	经济适用房覆盖率指数
		廉租房货币补贴保障指数
基础教育	财政投入	财政投入占 GDP 比重
		人均财政投入
	幼儿教育	生师比
	小学教育	生师比
		每千小学生拥有小学数
	中学教育	生师比
		每千中学生拥有中学数
基本社会服务	财政投入	基本社会服务支出占财政支出的比重
		人均财政支出
	社会福利	每万人口公办老年福利机构数
		每万人口公办老年福利机构床位数
		每万人口公办老年福利机构人员数
		每十万人口公办儿童福利机构数
		每万人口公办儿童福利机构床位数
		每万人口公办儿童福利机构人员数
	社会救助	最低生活保障指数
		城市临时救济人数
医疗卫生	财政投入	财政投入占 GDP 比重
		人均财政投入
	医院、卫生院建设	每万人口医院拥有数
		每万人口执业（助理）医师数
		每万人口床位数
	防疫活动	每万人口防疫站拥有数
城市环境	财政投入	财政投入占 GDP 比重
		人均财政投入
	大气环境	可吸入颗粒物日均值
		空气质量适宜指数
	水环境	城镇生活污水处理率
		工业废水排放达标率
	市容环境	工业固体废物综合利用率
		人均绿地面积
		生活垃圾无害化处理率

续表

一级指标	二级指标	三级指标
文化体育	财政投入	财政投入占 GDP 比重
		人均财政投入
	社区文体活动	每十万人口社区服务中心单位数
		每十万人口社区服务中心职工数
		活动项目数
		活动人次数

（5）江苏现代化指标由四大类 30 项指标组成，其中，经济发展 9 项、人民生活 7 项、社会发展 8 项、生态环境 6 项。相关研究通过 30 项指标确定的目标值和江苏 2010 年的发展水平如下。①人均地区生产总值：确定目标值为 10 万元以上，江苏 2010 年为 52840 元。②服务业增加值占 GDP 比重：确定目标值为 53%，江苏 2010 年为 41.6%。③消费对经济增长贡献率：确定目标值为 53% 以上，江苏 2010 年为 48.5%。④城市化水平：确定目标值为 68% 以上，江苏 2010 年为 60.6%。⑤现代农业发展水平：确定目标值为 90% 以上，江苏 2010 年为 63.45%。⑥研发经费支出占 GDP 比重：确定目标值为 2.8% 以上，江苏 2010 年为 2.1%。⑦高新技术产业产值占规模以上工业产值比重：确定目标值为 45% 以上，江苏 2010 年为 33%。⑧自主品牌企业增加值占 GDP 比重：确定目标值为 15% 以上，江苏 2010 年为 8%。⑨万人发明专利拥有量：确定目标值为 12 件以上，江苏 2010 年为 2.5 件。⑩人均预期寿命：确定目标值为 78 岁以上，江苏 2010 年为 75.32 岁。⑪居民收入水平：城镇居民人均可支配收入确定目标值为 5.5 万元以上，农村居民人均纯收入确定目标值为 2.3 万元以上，江苏 2010 年的相应指标分别为 22944 元和 9118 元。⑫居民住房水平：确定目标值为城市 95%，农村 80% 以上，2010 年江苏为城市 80%，农村约 40%。⑬每千人国际互联网用户数：确定目标值为 1000 个以上，2010 年江苏为 594 个。⑭基本社会保障：城乡基本养老保险覆盖

率确定目标值为98%以上，2010年江苏为82.6%；城乡基本医疗保险覆盖率确定目标值为98%以上，2010年江苏为94.6%；失业保险覆盖率确定目标值为98%以上，2010年江苏为97.5%；城镇保障性住房供给率确定目标值为98%以上；每千名老人拥有机构养老床位数确定目标值为30张以上，2010年江苏为20张。⑮每千人拥有医生数：确定目标值为2.3人以上，2010年江苏为1.64人。⑯公共交通服务水平：城市居民公共交通出行分担率确定目标值为26%以上，2010年江苏为18.2%；镇村公交开通率确定目标值为100%，2010年江苏为50%。⑰主要劳动年龄人口平均受教育年限：确定目标值为12.2年以上，2010年江苏为9.94年。⑱人力资源水平：每万劳动力中研发人员数确定目标值为100人年以上，2010年江苏为66.5人年。⑲基尼系数：确定目标值为0.4以下，江苏2010年为0.4左右。⑳党风廉政建设满意度：确定目标值为80%以上，江苏2010年为73%。㉑法治和平安建设水平：法治建设满意度确定目标值为90%以上，江苏2010年为84.5%；公众安全感确定目标值为90%以上，江苏2010年约为89%。㉒和谐社区建设水平：城市、农村和谐社区建设达标率确定目标值分别为98%和95%以上，江苏2010年分别为50%和35%。㉓文化产业增加值占GDP比重：确定目标值为6%以上，江苏2010年为3.3%。㉔人均拥有公共文化体育设施面积：确定目标值为2.8平方米以上，江苏2010年为1.93平方米。㉕单位GDP能耗：确定目标值为0.5吨标准煤/万元以下，江苏2010年为0.734吨标准煤/万元。㉖主要污染物排放强度：单位GDP化学需氧量排放强度确定目标值为2.0吨/万元以下，江苏2010年为3.09吨/万元；单位GDP二氧化硫排放强度确定目标值为1.2吨/万元以下，江苏2010年为2.62吨/万元；单位GDP氨氮排放强度确定目标值为0.2吨/万元以下，江苏2010年为0.39吨/万元；单位GDP氮氧化物排放强度确定目标值为1.5吨/万元以下，江苏2010年为3.55吨/万元。㉗空气质量优良天数比例：确定目标值为95%以上，江苏2010年为90.5%。㉘Ⅲ类以上地表水比例：确定目标值为60%以上，江苏2010年为47.9%。㉙绿化水平：林木覆盖率确定目标值为23%以上，江苏2010年为20.64%；城镇绿化覆盖率确定目标值为40%以上，江苏2010年为33.64%。㉚村庄环境整治达标率：确定目标值为95%以上，江苏2010年为6.6%。

（二）国际上现代化指标研究

国际上现代化指标研究主要有11个：①布莱克标准；②英格尔斯标准；③世界银行的人均收入划分标准；④联合国开发计划署（UNDP）的人类发展指数（HDI）；⑤《联合国千年发展目标》中的指标体系；⑥世界银行可持续发展指标体系；⑦联合国统计局的FISD（Framework for Indicators of Sustainable Development）；⑧联合国可持续发展委员会（UNSDC）和联合国政策协调与可持续发展部（DPSDC）结合《21世纪议程》的可持续发展指标体系；⑨环境问题科学委员会（SCOPE）与联合国环境规划署（UNEP）提出的环境可持续发展体系；⑩国际产权指数；⑪WGI：政府效率指标。

（1）布莱克标准：用以反映经济增长和经济结构的指标。具体见表5-2。

表5-2　布莱克标准

指　　标	低	高
人均GNP(以1973年美元计算)	200~300	4000~6000
能源消费(人均煤当量,公斤)	10~100	5000~10000
劳动就业比例(%)		
农业	85~95	5~10
工业	5~10	30~40
服务业	5~10	40~60
各部门占GNP比例(%)		
农业	40~60	5~10
工业	10~20	40~60
服务业	20~40	40~60

续表

指　标	低	高
终极用途占 GNP 比例(%)		
消费	80 ~ 85	55 ~ 60
资本形成	5 ~ 10	20 ~ 30
政府开支	5 ~ 10	25 ~ 30
城市化(10 万人以上城市中人口的百分比,%)	0 ~ 10	50 ~ 70
教育		
中小学(适龄组的入学比例,%)	20 ~ 50	90 ~ 100
高等教育(每百万居民中的学生数,名)	100 ~ 1000	10000 ~ 30000
健康状况		
新生儿死亡率(每千名出生儿童的死亡数,人)	150 ~ 500	13 ~ 25
食物供应(人均每日卡,卡)	1500 ~ 2000	3000 ~ 3500
医生(每百万居民中的医生数,名)	10 ~ 100	1000 ~ 2400
交流		
邮件(每人每年投寄国内信件,封)	1 ~ 10	100 ~ 350
电话(每千人计,部)	1 ~ 10	100 ~ 500
报纸(每千人发行量,份)	1 ~ 15	300 ~ 500
收音机(每千人台数,台)	10 ~ 20	300 ~ 1200
电视机(每千人台数,台)	1 ~ 50	100 ~ 350
收入分配(按收入的百分比,%)		
收入量低的五分之一居民	8 ~ 10	4
收入量高的五分之一居民	40 ~ 50	45
收入量高的百分之一居民	20 ~ 30	20

（2）英格尔斯标准见表 5 - 3。

表 5 - 3　英格尔斯标准

指　标	单位	标准值
人均国内生产总值	美元	> 3000
农业增加值占 GDP 比重	%	< 15
服务业增加值占 GDP 比重	%	> 45
非农业从业人员占全部从业人员比重	%	> 70
城市化水平(城市人口占总人口比例)	%	> 50
成人识字率	%	> 80
大学入学率(在校大学生占 20 ~ 24 岁人口比例)	%	10 ~ 15
每个医生服务的人数	人	< 1000
人口平均预期寿命	岁	> 70
婴儿死亡率	%	< 3
人口自然增长率	‰	< 1

（3）世界银行人均收入划分标准见表5-4。

表5-4 世界银行人均收入划分标准

国家类型	平均值（人均GNP）（1980年数据）	平均值（人均GNP）（1989年数据）	平均值（人均GNP）（1999年数据）	平均值（人均GNP）（2008年数据）
低收入国家	420美元以下	581美元以下	755美元及以下	975美元及以下
中等收入国家	420~4500美元	581~5999美元	756~9265美元	976~9265美元
下中等收入国家	420~1419美元	581~2399美元	756~2995美元	976~3855美元
上中等收入国家	1420~4499美元	2400~5999美元	2996~9265美元	3856~11905美元
高收入国家	4500美元及以上	6000美元及以上	9265美元以上	11905美元以上

（4）联合国开发计划署的人类发展指数。人类发展指数（Human Development Index，HDI）是由联合国开发计划署在《1990年人文发展报告》中提出的，是用以衡量联合国各成员国经济社会发展水平的指标，是对传统的GNP指标挑战的结果。人类发展指数由以下3个指标构成。①健康长寿：用出生时预期寿命来衡量；②教育获得：用成人识字率（2/3权重）及小学、中学、大学综合入学率（1/3权重）共同衡量；③生活水平：用实际人均GDP（购买力平价美元）来衡量。对每个指标设定了最小值和最大值：出生时预期寿命最小值和最大值分别为25岁和85岁；成人识字率最小值和最大值分别为0和100%，为15岁以上识字者占15岁以上人口的比率；综合入学率最小值和最大值分别为0和100%，为学生人数占6~21岁人口的比率（依各国教育系统的差异而有所不同）；实际人均GDP（购买力平价美元）最小值和最大值分别为100美元和40000美元。

（5）《联合国千年发展目标》中的指标体系。2000年在联合国总部纽约举行的千年峰会，会上世界189个国家的147位元首和首脑一致通过一份《联合国千年发展目标》（The Millennium Development Goals，MDGs）。其中提出的指标体系见表5-5。

表 5-5 《联合国千年发展目标》中的指标体系

总目标	分目标	具体指标
（一）消除极端贫困和饥饿	1. 到 2015 年将每天生活不足 1 美元的人口比例减少一半	（1）日均开支不足 1 美元的人口比例 （2）贫困差距比率 （3）最穷的 20% 人口占国民收入或消费的比例
	2. 到 2015 年将遭受饥饿的人口比例减少一半	（4）相对于年龄体重不足的儿童比例（占 5 岁以下人口的比重） （5）营养不良人口比例（占总人口的比重）
（二）普及初等教育	3. 确保到 2015 年所有的男孩和女孩完成全部的初等教育课程	（6）小学净入学率 （7）读到 5 年级的儿童比例 （8）青年人识字率（占 15~24 岁人口的比重）
（三）促进性别平等，赋权于妇女	4. 最好到 2005 年消除初等和中等教育中的性别不平等现象，最迟到 2015 年消除各级教育中的性别不平等现象	（9）女孩对男孩的比率：初等教育、中等教育、高等教育 （10）女性对男性的识字率比率（15~24 岁） （11）从事非农业有薪职业女性的比例 （12）女性在议会中所占席位（占总席位的比重）
（四）减少儿童死亡率	5. 到 2015 年将 5 岁以下的儿童死亡率减少三分之二	（13）5 岁以下儿童死亡率（每 1000 例活产） （14）婴儿死亡率（每 1000 例活产） （15）完全接种麻疹疫苗的周岁儿童比率
（五）改善孕产妇健康	6. 到 2015 年将孕产妇死亡率减少四分之三	（16）孕产妇死亡比率（每 10 万例活产） （17）有熟练医护人员护理的分娩比率
（六）遏制 HIV/AIDS（艾滋病）、疟疾和其他疾病	7. 到 2015 年遏止并开始扭转 HIV/AIDS（艾滋病）的蔓延	（18）15~24 岁孕妇中艾滋病感染率：大城市、大城市以外地区 （19）高危性行为的避孕套最终使用率（15~24 岁）：女性、男性 （20）孤儿学校出勤率相当于非孤儿的百分比（10~14 岁）
（七）确保环境的可持续性	8. 到 2015 年遏止并降低疟疾及其他重要疾病的发病率	（21）（每 10 万人）疟疾病例数与致死率：所有年龄层、0~4 岁儿童 （22）5 岁以下儿童接种疫苗和使用抗疟疾药物治疗发热的比例 （23）结核病致死率（每 10 万人） （24）（每 10 万人）在 DOTS 下监测的结核病病例数与治愈率
	9. 将可持续发展的原则与国家政策和计划相结合，并扭转环境资源丧失的趋势	（25）土地森林覆盖率 （26）保护区与地表面积之比 （27）单位能源使用产生的 GDP（每千克石油当量获得的 PPP 美元） （28）人均二氧化碳排放量（吨） （29）消耗臭氧层的含氯氟烃消费量（ODP 吨）

总目标	分目标	具体指标
	10. 到 2015 年将无法持续地获得安全饮用水的人口比例减少一半	(30)持续获得改善的水源的人口比例:农村地区、城市地区
	11. 到 2020 年使至少 1 亿贫民窟居民的生活有明显改善	(31)获得改善的卫生设施的城市居民比例 (32)获得房屋长期使用权的家庭比例

（6）世界银行的可持续发展指标体系。世界银行对 OECD 的可持续发展指标体系进行了调整，将 OECD 建立的可持续发展指标体系应用到 4 个基本的领域（环境、社会、经济和机构），于 1995 年 9 月公布了一套以"国家财富"为衡量可持续发展依据的可持续发展指标体系。该指标体系将"国家财富"分解为自然资本、生产资本、人力资本和社会资本 4 个部分，否定了传统的以人造资本为依据来衡量可持续发展的方法，赋予了可持续发展以科学的内涵，动态地反映了可持续发展的能力，并运用该指标体系对世界的 192 个国家的资本存量进行了粗略的计算，将可持续发展的概念付诸可操作的实施。①自然资本：自然资本包括土地、水、森林、石油、煤、金属与非金属矿产等。②生产资产：指所使用的机器、厂房、基础设施（供水系统、公路、铁路……）等。③人力资本：人力资本被表达为人的生产能力（教育、营养等）所具有的价值。④社会资本：在新体制中目前尚未对社会资本做出单独的测量，主要定义为"人类组织性"和"规模性"的生产价值。依照这一类最新的指标体系（目前尚未完成社会资本的计算），世界银行确定了全球 192 个国家和地区的财富与价值，并为其中 90 个国家和地区建立了 25 年的时间序列。同行们认为，这种新观念远比对国家的传统排序要先进得多和丰富得多。生产资产被绝大多数国家视为确定财富的首要因素，然而在新指标体系中生产资产占据国家真正财富的份额不超过 20%，这就意味

着，组成国家财富的要素还有自然资本、人力资本等，但是，这些因素过去在相当大的程度上被忽视了。

对世界银行应用新体制计算世界财富的基本结果进一步分析后可以得出：①原料出口国（63个发展中国家）占世界总财富的4.6%，这些国家财富总量中，20%为生产资产，44%为自然资本，36%为人力资本。②其他发展中国家（100个国家和地区）占世界总财富的15.9%，这些国家财富总量中，16%为生产资产，28%为自然资本，其余的56%为人力资本。③高收入国家（29个国家）占世界总财富的79.6%，这些国家财富总量中，16%为生产资产，17%为自然资本，其余的67%为人力资本。

对部分国家的自然资本情况进行了解释。①澳大利亚和加拿大由于人口较少且拥有大量的自然资本，而成为世界上最富有的国家，其他较富有国家的排序为：卢森堡、瑞士、日本、瑞典、冰岛、卡塔尔、阿联酋、丹麦。②瑞士和日本等国的自然资本按人均收入情况看超过了美国，尽管其自然资本并不丰富，但由于在人力资源和生产资产方面大量投资，其国家财富领先于美国。德国的自然资本只相当于美国的1/5，其生产资产投资和美国大致相当，但由于在人力资源方面的投资高于美国，因此德国的国家财富和美国差不多。③埃塞俄比亚被列为世界上最穷的国家，其他最穷的国家还有尼泊尔、布隆迪、马拉维、乌干达、坦桑尼亚、越南、莫桑比克、塞拉利昂、几内亚比绍。中国排在第162位，介于老挝和不丹之间。

（7）联合国统计局的FISD。1994年联合国统计局（UNSTAT）以《21世纪议程》中的主题内容，如经济问题、大气和气候、固体废弃物、社会经济活动和事件、影响和效果以及对影响的响应等作为可持续发展进程中的主要问题来对指标进行分类，形成了一套可持续发展指标体系FISD（Framework for Indicators of Sustainable Development）。

（8）《21 世纪议程》可持续发展指标体系。联合国可持续发展委员会（UNSDC）和联合国政策协调与可持续发展部（DPSDC）1996 年在"经济、社会、环境和机构四大系统"的概念模型和 DSR（Driving Force-State-Response）模型的基础上，结合《21 世纪议程》提出了一个初步的以可持续发展为核心的指标体系框架。

（9）环境可持续发展体系。环境问题科学委员会（SCOPE）与联合国环境规划署（UNEP）合作提出了高度综合的可持续发展指标体系，该指标体系创建了人类活动和环境相互作用的概念模型，很好地阐释了人类活动和环境存在的 4 个方面的相互作用，同时选取了 25 个能够相对比较准确表征这 4 个方面相互作用的指标构成了环境可持续发展指标体系。

（10）国际产权指数（International Property Rights Index，IPRI）。IPRI，由"Americans for Tax Reform Foundation"编制，从 2007 年起每年出版一次，最新版为 2011 年第 5 版。其标准概念是国际产权指数，即对与经济福祉相关的物质和知识产权保护的重要性进行国际比较。为了反映与产权保护相关的特征，该指数分为 3 个方面，一是政治法律环境；二是物质产权；三是知识产权。最新的研究涵盖了全球 129 个国家，约占世界 GDP 的 97%。2011 年最新的产权保护报告数据来源丰富多样，很多来自参与评价国家的专家调查。

（11）政府效率指标（Government Effectiveness），由世界银行和布鲁金斯学会共同开发，是全球行政指标（简称 WGI）中的第三项：①责任与问责制；②政治稳定性与打击恐怖主义；③政府效率指标；④监管效率；⑤法制建设；⑥反腐败。政府效率指标主要是指：人们对政府公共服务的整体感觉、行政机构的服务质量、不受政治压力影响的独立程度、政策形成和执行的质量，以及政府对政策承诺的可信度。

第二节　层次分析法介绍

层次分析法（Analytic Hierarchy Process，AHP）是萨蒂（T. L. Saaty）等人 20 世纪 70 年代提出的一种决策方法。它是对方案的多指标系统进行分析的一种层次化、结构化决策方法，它将决策者对复杂系统的决策思维过程模型化、数量化。应用这种方法，决策者通过将复杂问题分解为若干层次和若干因素，在各因素之间进行简单的比较和计算，就可以得出不同方案的权重，为最佳方案的选择或者评价提供依据。

层次分析法优点如下。①系统性的分析方法。层次分析法把研究对象作为一个系统，按照分解、比较判断、综合的思维方式进行决策，成为继机理分析、统计分析之后发展起来的系统分析的重要工具。系统的思想在于不割断各个因素对结果的影响，而层次分析法中每一层的权重设置最后都会直接或间接影响到结果，而且每个层次中的每个因素对结果的影响程度都是可量化的，非常清晰、明确。这种方法尤其可用于对无结构特性的系统评价以及多目标、多准则、多时期等的系统评价。②简洁、实用的决策方法。这种方法既不单纯追求高深数学，又不片面地注重行为、逻辑、推理，而是把定性方法与定量方法有机地结合起来，使复杂的系统分解，能将人们的思维过程数学化、系统化，便于人们接受，且能把多目标、多准则又难以全部量化处理的决策问题化为多层次、单目标问题，通过两两比较确定同一层次元素相对上一层次元素的数量关系后，进行简单的数学运算。即使是具有中等文化程度的人也可了解层次分析的基本原理和掌握它的基本步骤，计算也经常十分简便，并且所得结果简单、明确，容易为决策者所了解和掌握。③所需定量数据信息较少。层次分析法主要是从评价者对评价问题的本质、要素的理解出发，比一般的定量方法更讲求定性的分析和判断。由于本身是一种模拟人们决策过程中思维方式的一种方法，层次分析法把判断各要素的相对重要性的步骤留给了大脑，只保留人脑对要素的印象，将其化为简单的权重进行计算。这种思想能处理许多用传统的最优化技术无法着手的实际问题。

层次分析法的基本原理如图 5－2 所示。

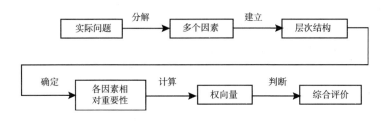

图 5－2　层次分析法基本原理

综合评价目标：

设 x_1，x_2，$\cdots$，x_n 为对应各因素的决策变量，其线性组合为：

$$y = w_1x_2 + w_2x_2 + \cdots + w_nx$$

这是一个综合评判函数。

w_1，w_2，$\cdots$，w_n 是权重系数，其满足：

$$w_i \geqslant 0, \quad \sum_{i=1}^{n} w_i = 1$$

层次分析法的基本步骤：

（1）建立层次分析结构模型。深入分析实际问题，将有关因素自上而下分层，上层受下层影响，而层内各因素基本上相对独立。

（2）构造成对比较阵。用成对比较法和 1～9 尺度，构造各层对上一层每一因素的成对比较阵。

为了量化两两比较结果，引入 1～9 的标度，如表 5－6 所示。

只要做出 $n(n-1)/2$ 个数，其余对称位置是倒数。

（3）计算权向量并做一致性检验（*CI* 越小，说明一致性越大，一致性

表 5 - 6 成对比较阵

标度 a_{ij}	定 义	标度 a_{ij}	定 义
1	i 因素与 j 因素同样重要	7	i 因素比 j 因素明显重要
3	i 因素比 j 因素略微重要	9	i 因素比 j 因素绝对重要
5	i 因素比 j 因素重要	2,4,6,8	介于两相邻重要程度之间

要求 $CI < 0.1$)。对每一成对比较阵计算最大特征根和特征向量，做一致性检验，若通过，则特征向量为权向量。

一致性指标 CI：

$$CI = \frac{\lambda_{max} - n}{n - 1}$$

若 $CI = 0$，则完全一致；

若 $CI \neq 0$，则不一致。

一般对于 $CI \leq 0.1$，认可为一致。

（4）计算组合权向量（做组合一致性检验）。可将组合权向量作为决策或评价的定量依据。

第三节 权重估计结果

（一）转型升级指标层次

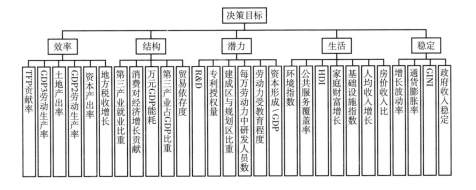

（二）具体指标权重

备选方案	权重	备选方案	权重
TFP 贡献率	0.0462	劳动力受教育程度	0.0580
资本产出率	0.0359	建成区与规划区比重	0.0122
土地产出率	0.0320	资本形成/GDP	0.0188
地方税收增长	0.0188	环境指数	0.0094
GDP3 劳动生产率	0.0988	基础设施指数	0.0154
GDP2 劳动生产率	0.0653	公共服务覆盖率	0.0210
第三产业就业比重	0.1069	人均收入增长	0.0288
第三产业占 GDP 比重	0.0747	HDI	0.0110
消费对经济增长贡献	0.0566	房价收入比	0.0121
贸易依存度	0.0318	家庭财富增长	0.0394
万元 GDP 能耗	0.0270	增长波动率	0.0170
每万劳动力中研发人员数	0.0266	通货膨胀率	0.0339
R&D	0.0249	政府收入稳定	0.0108
专利授权量	0.0402	基尼系数	0.0265

（三）各层次权重

1. 决策目标

判断矩阵一致性比例：0.0160；对总目标的权重：1.0000。

决策目标	效率	结构	潜力	生活	稳定	Wi
效率	1.0000	1.0000	2.0000	2.0000	3.0000	0.2970
结构	1.0000	1.0000	2.0000	2.0000	3.0000	0.2970
潜力	0.5000	0.5000	1.0000	2.0000	2.0000	0.1807
生活	0.5000	0.5000	0.5000	1.0000	2.0000	0.1370
稳定	0.3333	0.3333	0.5000	0.5000	1.0000	0.0883

2. 效率

判断矩阵一致性比例：0.0151；对总目标的权重：0.2970。

效率	TFP 贡献率	资本产出率	土地产出率	地方税收增长	GDP3 劳动生产率	GDP2 劳动生产率	W_i
TFP 贡献	1.0000	1.0000	2.0000	3.0000	0.5000	0.5000	0.1554
资本产出率	1.0000	1.0000	1.0000	2.0000	0.3333	0.5000	0.1210
土地产出率	0.5000	1.0000	1.0000	2.0000	0.3333	0.5000	0.1078
地方税收增长	0.3333	0.5000	0.5000	1.0000	0.2500	0.3333	0.0635
GDP3 劳动生产率	2.0000	3.0000	3.0000	4.0000	1.0000	2.0000	0.3326
GDP2 劳动生产率	2.0000	2.0000	2.0000	3.0000	0.5000	1.0000	0.2198

3. 结构

判断矩阵一致性比例：0.0261；对总目标的权重：0.2970。

结构	第三产业就业比重	第三产业占GDP比重	消费对经济增长贡献	贸易依存度	万元 GDP 能耗	W_i
服务业就业比重	1.0000	2.0000	2.0000	3.0000	3.0000	0.3600
服务业占 GDP 比重	0.5000	1.0000	2.0000	2.0000	3.0000	0.2515
消费对经济增长贡献	0.5000	0.5000	1.0000	2.0000	3.0000	0.1906
贸易依存度	0.3333	0.5000	0.5000	1.0000	1.0000	0.1069
万元 GDP 能耗	0.3333	0.3333	0.3333	1.0000	1.0000	0.0909

4. 潜力

判断矩阵一致性比例：0.0341；对总目标的权重：0.1807。

潜力	每万劳动力中研发人员数	R&D	专利授权量	劳动力受教育程度	建成区与规划区比重	资本形成：GDP	W_i
每万劳动力中研发人员数	1.0000	1.0000	0.5000	0.3333	3.0000	2.0000	0.1472
R&D	1.0000	1.0000	0.5000	0.3333	2.0000	2.0000	0.1375
专利授权量	2.0000	2.0000	1.0000	0.5000	3.0000	2.0000	0.2227
劳动力受教育程度	3.0000	3.0000	2.0000	1.0000	3.0000	2.0000	0.3211
建成区与规划区比重	0.3333	0.5000	0.3333	0.3333	1.0000	0.5000	0.0674
资本形成比 GDP	0.5000	0.5000	0.5000	0.5000	2.0000	1.0000	0.1041

5. 生活

判断矩阵一致性比例：0.0279；对总目标的权重：0.1370。

生活	环境指数	基础设施指数	公共服务覆盖率	人均收入增长	HDI	房价收入比	家庭财富增长	W_i
环境指数	1.0000	0.5000	0.5000	0.3333	1.0000	0.5000	0.3333	0.0684
基础设施指数	2.0000	1.0000	0.5000	0.3333	2.0000	2.0000	0.3333	0.1122
公共服务覆盖率	2.0000	2.0000	1.0000	0.5000	2.0000	2.0000	0.5000	0.1535
人均收入增长	3.0000	3.0000	2.0000	1.0000	2.0000	2.0000	0.5000	0.2101
HDI	1.0000	0.5000	0.5000	0.5000	1.0000	1.0000	0.3333	0.0800
房价收入比	2.0000	0.5000	0.5000	0.5000	1.0000	1.0000	0.3333	0.0883
家庭财富增长	3.0000	3.0000	2.0000	2.0000	3.0000	3.0000	1.0000	0.2876

6. 稳定

判断矩阵一致性比例：0.0534；对总目标的权重：0.0883。

稳定	增长波动率	通货膨胀率	政府收入稳定	GINI	W_i
增长波动率	1.0000	0.5000	2.0000	0.5000	0.1922
通货膨胀率	2.0000	1.0000	2.0000	2.0000	0.3843
政府收入稳定	0.5000	0.5000	1.0000	0.3333	0.1228
GINI	2.0000	0.5000	3.0000	1.0000	0.3007

图书在版编目(CIP)数据

创新驱动 转型发展：上海经验/张平等著. —北京：社会科学
文献出版社，2015.5
　(基地报告)
　ISBN 978 - 7 - 5097 - 7391 - 8

　Ⅰ.①创… 　Ⅱ.①张… 　Ⅲ.①区域经济发展 - 转型经济 -
研究 - 上海市 　Ⅳ.①F127.51

　中国版本图书馆 CIP 数据核字（2015）第 076191 号

·基地报告·

创新驱动　转型发展
———上海经验

著　　者／张　平　等

出 版 人／谢寿光
项目统筹／恽　薇　陈　欣
责任编辑／王楠楠

出　　版／社会科学文献出版社·经济与管理出版分社（010）59367226
　　　　　　地址：北京市北三环中路甲 29 号院华龙大厦　邮编：100029
　　　　　　网址：www.ssap.com.cn
发　　行／市场营销中心（010）59367081　59367090
　　　　　　读者服务中心（010）59367028
印　　装／三河市尚艺印装有限公司

规　　格／开　本：787mm × 1092mm　1/16
　　　　　　印　张：11　字　数：148 千字
版　　次／2015 年 5 月第 1 版　2015 年 5 月第 1 次印刷
书　　号／ISBN 978 - 7 - 5097 - 7391 - 8
定　　价／59.00 元